JN023784

得意を活かす英単語帳シリーズⅠ

for 音楽ファン・音楽専攻生

音楽から学べる

らくらく

英単語読本

TOEIC対応！555語収録

小林一夫

Kazuo Kobayashi

Parade Books

読者の方々へ

「意外で面白いキャッチコピー」をまず読もう

　一般的に言って、英単語の本を最後まで読み通すことは難しいといってよいでしょう。一つの英単語をマスターする、一ページ読むだけでもかなりのエネルギーが必要となります。

　このため本書では、最初に日本語のキャッチコピー（四角で囲った部分）を置き、音楽で日常的に使われているカタカナ語の一般的な英語の意味をはじめとして、その変化形、類語などをエピソード的に紹介しています。まず、ここから読んでください。これならかなり簡単ですが、それでも相当に大きなご利益があります。多くの単語の意味をイメージ的にも掴むことができ、音楽用語に対する理解、関連する常識・ウンチクも大いに深まるでしょう。

　その上で、興味や理解に応じて、英単語やその用例が記載されている部分に進んでいただければよいです。

　さらに、付け加えれば、英単語には使用頻度（星印の部分）が明示されていますので、初学者は※印部分を、大学・TOEIC受験者などは☆印、★印部分に重点的に取り組んでいただきたいと思います。

　またいうまでもなく、英単語の意味は大方多様ですが、ここでは、最初に記載されたものをしっかりと理解していただければと思います。

　また、動詞などは多くは自動詞・他動詞がありますが、ここでは多く使われるものを基本としています。

　著者としては、読者が音楽で使われるカタカナ語が、意外にも多くの重要単語とつながっていることに驚き、最終ページまで行き着くことを何よりも念願する次第です。

　余談ともなりますが、本書に収録されている英単語は、500語余りあります。これを電話番号のように機械的に記憶するには、超人的な努力を要することは言を待ちません。

著者　小林一夫

注）単語の重要頻度　　※…基本単語　☆…重要単語　★…次位重要単語

目次

1 音楽・演奏一般

001 テンポ ── 楽曲の演奏速度

テンポは「速度・拍子」。テンポラリーとなれば「一時的な」、コンテンポラリーとなれば「現代の・同時代の」だ。コンテンポラリー・アートと言えば「現代美術」、コンテンポラリー・ミュージックは「現代音楽」である。

tempo [テンポウ]

名 速度・(音楽)拍子、速さ・テンポ

the tempo of life　生活のテンポ

語源 tempor＝time(時)より

類語

☆ temporary [テンポレリ]「tempor＝time：ary＝形容詞語尾」

形 一時的な・はかない

a temporary job　臨時の仕事

┗─ ★ temporarily [テンポレラリ]

副 一時的に

☆ contemporary [カンテンポレリ]「con＝with：tempor＝time：ary＝形容詞語尾→時を同じくする」

形 同時代の、現代の

Shakespeare was contemporary with Queen Elizabeth 1.
　シェークスピアはエリザベス一世女王と同時代だった。

contemporary music　現代音楽

temporal [テンポラル]「tempor-time：al- 形容詞語尾」

形 この世の・俗世の、時の

temporal pleasures　俗世の楽しみ

トーンは「音色・調子・傾向、調子を整える」だ。ファッションなどで多用されるモノトーンは「単調」だか、モノナスとなれば「単調な・退屈な」である。チューンとなれば、テレビ、ラジオなどのチューナー（同調器）、エンジンなどのチューニング（調律）につながる。さらに、イントネーションとなれば「抑揚」である。おまけに、近頃、流行のアイソトニック（等張の）飲料を付けておこう。

☆tone [トウン]

名 音色、調子、傾向、色

the sweet tones of a flute　フルートのこころよい音色

in an angry tone　怒った口調で

the tone of the 1980's　1980年代の風潮

The lawn is green with a yellowish tone.

　その芝生は黄色味がかった緑だ。

他動・自動 調子（色調）をつける、調子（色調）を整える

tone down　調子を下げる、和らげる

tone (in) with　～と調和する

語源 tone（調子）

類語

monotone [マナトウン]「mono＝単一の」

名 単調、単色

speak in a monotone　同じような調子で話す

└─ ★monotonous [マナタナス]

　　形 単調な・たいくつな

　　a monotonous life　たいくつな生活

intone [イントウン]「in＝in：tone」

他動 吟じる・抑揚をつける

└─ ★ intonation [イントウネイション]

　　名 抑揚・イントネーション

isotonic [アイソウタニック]「iso（等しい）：tone）」

　　形 （塩類その他の溶液が）等張の・（筋肉が）同緊張の

☆ tune [テューン]「toneの変形」

　　名 曲・調べ、（音の）正しい調子・調和

　　Let's sing a merry tune.　楽しい曲を歌いましょう。

　　He is out of tune.　彼は調子がはずれている。

　　他動・自動 （楽器の）調子を合わせる、（ラジオ・テレビなどの）波長を合わせる、

　　（エンジンなどを）調整する・チューニングする

　　tune a piano　ピアノを調律する

　　He tuned the TV to Channel 1.

　　　彼はテレビを1チャンネルに合わせた。

─　　tuning [テューニング]

　　　　名 調律・調整・チューニング

─　　tuner [テューナ]

　　　　名 （ラジオ・テレビの）チューナー・同調器、（音楽の）調律師

---

003 ビート ── 拍、拍子。強烈なビートなどと用いられる

ビートは「打つこと・拍子、打つ・打ち負かす」だ。水泳のビート板
にご厄介になった人は少なくないだろう。古くは「ビート族」もあっ
た。ビートたけしの芸名もこれに由来すると聞く（当初は漫才コン
ビ、ツービート）。

☆ beat [ビート]

　　他動・自動 （beat,beaten・beat）打つ・打ちつける、打ち負かす

　　beat a drum　たいこを打つ

　　I beat him in golf.　私はゴルフで彼を負かした。

名 打つこと・打つ音、拍子・(ジャズの)ビート

the beats of the heart　心臓の鼓動

four beats to a measure　1小節4拍子

└─ ★beaten [ビートン]

形 打たれた・打ち負かされた

a beaten army　敗軍

004 メロディ ── 旋律。音楽の基本三要素の1つ

メロディは「旋律」。パロディ (風刺的詩文)、コメディ (喜劇)、エレジー (悲劇)、ラプソディ (叙事詩・狂想曲) につながっている。音楽通なら、米国製タンゴの名曲「ラプソディ・イン・ブルー」を知っていよう。おまけにメロドラマ (通俗劇) をつけておこうか。れっきとした英語で、必ずしも昼からメロメロになるドラマではないのだ。

★melody [メラディ]

名 快よい調べ・旋律、歌曲

The song has a sweet melody.　その歌は甘いメロディをもっている。

old Irish melodies　古いアイルランド歌曲

語源 mel＝melos(song)：ody(edy)＝歌う

類語

☆tragedy [トラヂェディ]

名 悲劇、悲劇的な事件

a tragedy king　悲劇王

a tragedy of war　戦争の悲劇

★comedy [カ(コ)メディ]

名 喜劇

── comedian [コミーディアン]

名 喜劇役者・コメディアン

comic [カ(コ)ミック]

　　形 喜劇の、こっけいな

　　a comic actor　喜劇役者

　　a comic writer　ユーモア作家

　　名 (〜s)漫画・コミックス

rhapsody [ラァプサディ]

　　名 (古代ギリシャの)叙事詩、熱狂的なことば、狂想曲

　　go into rhapsodies　熱狂的に言う(書く)

parody [パラァディ]

　　名 風刺的もじり詩文・パロディ

　　a parody of a poem　替え歌

ode [オウド]

　　名 頌詩(しょうし)・賦(高尚な感情をおごそかに表現した叙情詩)

melodious [メロウディアス]

　　形 調子の美しい、音楽的な

melodrama [メラドラーマ]

　　名 メロドラマ(感傷的な通俗劇)、芝居がかった事件

005 リズム ─ 調子、律動。音楽の三要素の1つ

リズムは「旋律」、ライムとなれば「韻・韻文」である。「生活のリズ
ム」などと一般的にも用いられているが、最近ではことに「体内リ
ズム」が注目されている。余談ともなるが、これを調節するホルモ
ン、メラトニンは近年とみに話題となっている。

☆ rhythm [リズム]

　　名 リズム・律動、リズム・(音楽)拍子

　　a sense of rhythm　リズム感

　　4/4 rhythm　4/4拍子

★ rhyme, rime［ライム］

　名 韻、(～s)韻文・詩歌

nursery rhymes　子守歌

└──　　rhymer, rimer［ライマァ］

　　　　名 詩人・作詞者

---

006 ハーモニー ── 和声、和音。2つ以上の音で調和した響き。音楽の基本三要素の一つ

ハーモニーは「和音・調和」だ。交響楽団の名前によく用いられる
フィルハーモニー（**082** 参照）、楽器のハーモニカにつながってい
る。いうまでもなく、メロディ、リズムと並び音楽の三要である。
俗語として「ハモる」もよく使われている。

☆ harmony［ハーモニ］

　名 調和、(音楽)ハーモニー・和声・和音

in (out of) harmony with　～と調和している(いない)

──★ harmonious［ハーモウニアス］

　　　　形 調和のとれた、仲のよい、(音楽)和声の

harmonious colors　調和した色彩

a harmonious family　仲のよい家族

──　harmonica［ハーマニカ］

　　　　名 ハーモニカ

---

007 コード ── 和音、2つ以上の音の組み合せ

コードは「和音・弦、心の琴線」。レコード、アコード（一致・調和、一
致する）、アコーディオン、リコーダーなどにもつながっている。名
車として知られるホンダの「アコード」をご案内の向きも多かろう。

chord［コード］

名 (楽器の)弦・コード、心の琴線・感情、和音・コード

strike the right chord　心の琴線にふれる

語源 cord＝heart(心)より

類語

★ accord [アコード]「ac＝to：cord＝heart(心)→心の方向に、一致」

　　名 一致・調和

　　with one accord　一致して、こぞって

　　自動・他動 一致する・調和する

　　accord with one's hope　希望に添う

──★ accordance [アコーダンス]

　　　　名 一致・調和

　　　　in accordance with custom　風習に従って

──★ according [アコーディング]

　　　　副 ～に従って

　　　　according to the Bible　聖書によれば

　　　　We will pay you according as you work.

　　　　働きに応じて支払いましょう。

　　　　──★ accordingly [アコーディングリ]

　　　　　　副 それゆえに・従って

　　　　　　Accordingly I gave up smoking.

　　　　　　それゆえ私は禁煙した。

──★ accordion [アコーディアン]

　　　　名 アコーディオン

※ record [名・レカド；動・リコード]「re＝again：cord＝heart(心)→心に呼
　　び戻す→記憶する、記録する」

　　名 記録、経歴・成績、レコード

　　off the record　(談話などが)非公式で、オフレコで

　　school records　学業成績

　　play a record　レコードをかける

他動 記録する、～を示す

I recorded his speech.　私は彼の演説を書きとめた。

The thermometer records 20℃.　温度計はセ氏20度を示している。

— recorder [レコーダー]

名 記録者、録音機・レコーダー

a tape recorder　テープレコーダー

★cordial [コーヂャル]「cord＝heart（心）：ial＝形容詞語尾」

形 心からの・親切な

cordial greeting　心からのあいさつ

★discord [ディスコード]「dis＝apart：cord＝heart（心）→心に合わない」

名 不一致・不和

The son is in discord with his parents.

　その息子は両親とうまくいっていない。

concord [カンコード]「con＝together：cord＝heart（心）→同じ心で」

名 一致

in concord　一致して、仲よく

---

008 モード ── 旋法・音階。一定の法則性にのっとった音階のルール

モードは「様式・旋法・調べ」。モデル、モダン（現代の）、モデレート（節度のある）、コモディティ（商品）などにつながっている。やや専門的となるが、電気機器などで使われるモジュレーター（変調器）もある。

★mode [モウド]

名 方式・様式、流行・モード、（音楽）旋法・音階・モード

a mode of living　生活様式

Long skirts are in mode now.　ロングスカートが今流行している。

the major (minor) mode　長（短）音階

語源 mod＝manner（仕方・様式）より

類語

☆**model**［マドル］「modeと同じ」

　　名 模型、型、手本、（絵、ファッションなどの）**モデル**

　　a model of a ship　船の模型

　　the latest sports car model　スポーツカーの最新型

　　He is a model of honesty.　彼は正直の見本のような人だ。

☆**moderate**［マデレット］「mod（方法・様式）：erate（～にする）→様式のように
する、ほどよくする」

　　形 節度のある・穏健な、適度の

　　He is moderate in his views.　彼は意見が穏健である。

　　moderate exercise　適度な運動

　　他動・自動 穏やかにする、和らげる

☆**modest**［マデスト］「mod（様式）：est（の）→様式を越えない」

　　形 慎み深い、適度の

　　put on a modest smile　慎み深い微笑をうかべる

　　a modest demand　ほどほどの要求（需要）

※**modern**［マダン］「mod（様式）：ern＝形容詞語尾→今の様式にあった」

　　形 現代の・近代の、現代的な・近代的な

　　modern science　近代科学

　　This house is new and modern.　この家は新しく現代的である。

★**modify**［マディファイ］「mod（様式）：ify（ように）する→間違いをなおして様式
のようにする」

　　他動 修正する、修飾する

　　modify the original plan　原案を修正する

　　Adverbs modify verbs, adjectives and so on.
　　　副詞は動詞や形容詞などを修飾する。

　modulate［マヂュレイト］「modu（様式）：ate（のようにする）→調整する」

　　他動 調整する

　　modulate one key to another　1つの調子から他の調子へ転ずる

★ commodity [カマ**ディティ**]「com(全く)：mod(様式)：ity(もの)→全く一様なもの」

名 商品、(しばしば~s)日用品

prices of commodities　物価

household commodities　家庭用品

---

009 マイナー ── 短調

マイナーは「小さいほうの・二流の」。マイナス、ミニマム (最小)、ミニット (分) などにつながっている。マイニュートとなれば「非常に小さい」、マイノリティとなれば「少数派」だ。ミニスターは意外にも「大臣」である。原義は「小さきもの」の意で、日本語の「小職・小生」と同じ一種の謙遜なのだろう。

☆ minor [**マイ**ナ]

minor errors　ちょっとした間違い

a minor poet　二流詩人

a minor key　短調

名 未成年者、(音楽)短音階

forbid minors to enter a saloon

　未成年者が酒場に入ることを禁じる

E minor　ホ短調

語源 mini(小さい)の比較級から

類語

★ diminish [ディ**ミ**ニシュ]「di＝from：min(i)(小さい)：ish(する)→小さくする」

他動・自動 小さくする・減ずる

His illness diminished his strength.　病気で彼の体力は衰えた。

☆ minister [**ミ**ニスタ]「mini(小さい)：ster(~の人、~する人)→小さい者→召

し使い→神に仕える人→公僕→大臣」

名 **大臣、公使**

the Prime Minister　総理大臣

the Japanese Minister to Austria　駐オーストリア日本公使

──★ministry [ミニストリ]

名 **省**

the Ministry of Education　文部省

★administer [アドミニスタ]「ad(へ)：minister(仕える、召使い)→治める、管理する」

他動 **管理する・治める**

administer a college　大学を管理する

── ☆administration [アドミニストレイション]

名 **管理・行政・政府** 米

business administration　企業経営

☆minus [マイナス]「minor の中性型」

形 **マイナスの・負の**

a minus sign　マイナス記号

前 **〜を引いた、〜なしで**

Nine minus two is seven.　9−2=7

He came back minus his coat.　彼は上着なしでもどってきた。

名 **負数**

★minute [マイニュート]「小さくしたの意」

形 **非常に小さい、詳しい**

minute differences　微細な差異

a minute report　詳細な報告

※minute [ミニット]「時間を細分化したものの意」

名 **分、瞬間** 口

An hour has sixty minutes.　一時間は60分です。

Wait a minute.　ちょっと待て。

☆minimum [ミニマム]「mini(小さい)の最上級」

名 最小・最小限度

The price is our minimum.　これ以下の値段にはできません。

形 最小の

the minimum passing mark　最低合格点

── ★minority［マイノーリティ］

名 少数・少数派、未成年

a political minority　政治上の少数派

He is still in his minority.　彼はまだ未成年である。

010 メジャー ── 長調

メジャーは「より大きい・主要な・専攻」だ。マジョリティは「多数派」、マジェスティとなれば「陛下・威厳」である。米国のメジャーリーグ（大リーグ）を知らない人はよもやいるまい。野球以外にも石油や穀物、映画、音楽などの分野でも使われている。やや余談ともなるが、軍隊でメジャーと言えば少佐（米陸軍）である。

※major［メイヂァ］

形 より大きい・主要な、専攻の、（音楽）長調の

the major industries　主要産業

a major subject　専攻科目

the major scale　（音楽）長音階

名 専攻科目 米 陸軍少佐

My major is art.　私の専攻は美術です。

自動 専攻する

major in English　英語を専攻する

語源 maj（大きい）より、比較級でより大きい

類語

☆**majesty** [マァヂェスティ]「majesty＝大きいこと→威厳」

名 威厳、(M～)陛下

with majesty　おごそかに

Your Majesty　陛下(直接の呼びかけ)

★**majestic** [マヂェスティック]

形 威厳のある・堂々とした

the majestic mountain scenery　壮大な山の風景

☆**majority** [マヂョーリティ]

名 大多数・大部分・多数派、成年

the majority of people　大部分の人々

reach one's majority　成年に達する

011 オクターブ ── 8度の音程、(音階の)第8音

オクターブは「8度音程」、オクトは「8」だ。オクトパス (タコ)、さらにオクトーバー (10月) にもつがっている。本来なら8月となるのが10月になった経緯はチョットした歴史通ならご存じだろう。余談ともなるが、映画通ならショーン・コネリー主演の「レッド・オクトーバーを追え!」を知っていよう。

octave [アクティヴ]

名 (音楽)8度音程・オクターブ

語源 octa＝8の意の連結形、母音の前では oct- となる

類語

※**October** [アクトウバ]「oct＝8より」

名 10月「古代ローマでは1年は March から始まって10ヵ月だったがのちに January, February が加わり、2ヵ月のずれが生じた」

★**octopus** [アクタパス]「octo (8)：pus(足)」

17

名 たこ、多くの支部を持って勢力を振るう組織
octagon [アクタガン]「octa(8)：gon(角)」
　　　名 八辺形・八角形、八角形の物(建築物)
octet [アクテット]
　　　名 八重奏(唱)、八重奏(唱)団
octant [アクタント]
　　　名 八分円、八分儀

---

012 シャープ ─ 指定された音を半音高くする嬰(えい)記号

シャープは「鋭い・尖った」だ。確かにシャープペンシルは尖っている。この開発者、早川徳次氏が世界的な有力企業「シャープ」(前早川電機)の創業者であることはよく知られている。シャープナーとなれば「鉛筆削り器・砥石」である。全くの余談となるが、早川氏は障害者の福祉に貢献した実業家としてもよく知られており、障害者雇用率の設定にも大きな役割を果たしたと聞く。

※ sharp [シャープ]
　　　形 鋭い・とがった、鋭敏な、激しい、(音楽)半音上げた
　　a sharp nose　とがった鼻
　　a sharp mind　鋭敏な頭脳
　　a sharp pain　激痛
　　B sharp　嬰ロ調
　　　名 シャープ・(音楽)嬰音(記号)
── ★ sharpen [シャープン]
　　　　　他動・自動 鋭くする
　　　　sharpen a pencil　鉛筆をけずる
── 　sharpener 　[シャープナア]
　　　名 とぐ(けずる)人(物)

a pencil sharpener　鉛筆けずり

013 フラット ── 指定された音を半音低くする変記号

フラットは「平らな、丁度」の意だ。競走、水泳などで使われるフラット、テニスのフラットサービスなどはお馴染みだろう。フラッターとなれば「お世辞をいう」だ。人の心を平らげるのである。近年では、「フラットな社会」が注目されている。

※ flat［フラァット］

 形 平らな・平べったい、単調な、(音楽)変音の・半音下げる

 as flat as a pancake　大変平べったい

 a flat lecture　面白くない講義

 副 きっぱりと・率直に、ちょうど

 I tell you flat.　率直に申します。

 He ran the race in 12 seconds flat.

  彼はそのレースをちょうど12秒(12秒フラット)で走った。

 名 平面、(音楽)変音(半音低い音)・変記号(b)

 the flat of the hand　手のひら

 B flat　変ロ音

 ★flatter［フラァタ］「滑らか(平らに)する、平らな手で愛撫(あいぶ)するの意」

  他動・自動 お世辞を言う・うれしがらせる

  She was flattered to ruin.　彼女はおだてられて破滅した。

  ★flattery［フラァタリ］

   名 お世辞・甘言

014 フレーズ ── 楽句、メロディの一部分。フレージングは楽句の切り方・句節

フレーズは「句・語句・成句」である。キャッチフレーズは言葉が人の心をとらえるのだ。やや難しいが、パラフレーズとなれば「言い

換え、言い換える」である。

☆phrase［フレイズ］

（名）句、成句・語句、（音楽）楽句・フレーズ

a noun phrase　名詞句

speak in simple phrases　簡単な言葉で話す

（他動）言葉で表現する、（音楽）楽句に分けて演奏する

phrase one's thought carefully　注意深く考えを述べる

—— catch phrase［キァッチフレイズ］

（名）注意を引く文句・キャチフレーズ

—— ★paraphrase［パァラフレイズ］「para（そばに、並んで）」

（名）言いかえ・意訳、パラフレーズ

（他動）言いかえる、意訳する

015 パッセージ —— 楽節

パッセージはパス（通る）を語源とする言葉で「通行・通路」の意だ。サッカーのパス、試験のパスなどがわかりやすい用例だろう。サパァスとなれば「〜を越える」、トレスパスとなれば「侵入する」だが、パスポート（旅券）、パスワード、コンパス、フリーパスなど一般的によく使われる言葉も多い。パッセンジャーとなれば「乗客・旅客」である。

☆passage［パァセッヂ］

（名）通行、通路、航海・旅、（文の）一節・楽節

No passage this way.　この道通るべからず。（掲示の文句）

a passage through a building　建物の中の通路

a smooth passage　平穏な航海

a passage from the Bible　聖書の一節

—— ※pass［パァス］

（自動・他動）通る、（時間が）たつ、去る、合格する、移る、変化する、（ボー

ルを）**パスする**

pass across a bridge　橋を渡る

Two years passed (by).　2年が過ぎた。

The pain has passed.　痛みがなくなった。

pass in the examination　試験に合格（パス）する

pass from hand to hand　手から手へと渡る

The liquid will soon pass into vapor.

　その液体はすぐに気体に変わるだろう。

名 許可証・パス、（普通の）**合格、山道、送球（パス）**

a free pass　無料入場券

get a pass　普通卒業学位を得る

a mountain pass　山道

a clever pass to the forward　フォーワードへの巧妙なパス

語源 pass（通る）

類語

★ **surpass** [サ**パ**ァス] 「sur＝beyond（〜を越えて）：pass（通る）→超える」

　他動 **〜にまさる、〜を越える**

He surpasses me in mathematics.　彼は数学で私にまさっている。

My marks surpassed expectation.　私の成績は予想以上だった。

★ **passport** [**パ**ァスポート] 「pass（通る）：port（港）→旅行免状・通行許可証」

　名 **旅券・パスポート**

★ **compass** [**カ**ンパス] 「com＝together：pass（通る）」

　名 **周囲、羅針盤、コンパス**

★ **trespass** [ト**ゥレ**スパス] 「tres＝across（横切って）：pass（通る）→侵入する」

　自動 （他人の土地へ）**侵入する**、（他人の権利を）**侵害する**

You must not trespass on another's land.

　君は他人の土地に侵入してはいけない。

They trespassed on my rights.　彼らは私の権利を侵害した。

名 **侵入・侵害**

passable [パァサブル]

形 まずまずの、通行できる

a passable result　かなりよい結果

The road is not passable.　この道は通行できない。

☆ passenger [パァセンヂャ]

名 乗客・旅客

a passenger train　旅客列車

016 パート ── 合唱団や演奏家のそれぞれが受け持つ声域、楽器

パートは「部分・役割」だが、動詞として「分かれる」の意味があることに注意したい。デパートとなれば「離れる・出発する」で、デパートメントは「部門」、飛行場の標示などにみられるディパーチャーは「出発」である。百貨店のデパートがデパートメントストアの略であることは言うまでもないだろう。おまけに、列車のコンパートメント（客室）を付けておこう。

※ part [パート]

名 部分・一部分、(劇・仕事などの)**役・役割**、(機械などの)**部品・パーツ**

for the most part　大部分は、たいていは

play the part of Hamlet　ハムレットの役を演じる

spare parts　予備の部品・スペアーパーツ

自動・他動 別れる・分れる

We parted at the gate.　私達は門のところで別れた。

語源 part＝a part(一部)、to part(部分に分ける)

類語

※ apart [アパート]「a＝to：part(部分)」

副 離れて・別々に

22

apart from ～から離れて、～は別として

└─ ☆ **apartment** [アパートメント]

名 (共同住宅内の)**一世帯分の住居** 米 ・(～s)**貸間** 英 ・(～s)**ア パート(荘)**

☆ **depart** [ディパート] 「de＝away：part(分ける)→分離する」

自動 **出発する、離れる**

The train departs at 8:30 a.m. 列車は午前8時30分に出発する。

└─ ★ **departure** [ディパーチャ]

名 **出発**

on one's departure 出発に際して

└─ ☆ **department** [ディパートメント]

名 **部門・部・課、省** 米 ・**局** 英 、**大学の学部・科**

the accounting department 会計部(課)

the Department of State 国務省

the department of literature 文学部

compartment [コンパートメント] 「com＝together：part(分ける)： ment＝名詞語尾→仕切ること、仕切られたもの」

名 **区画・仕切り、**(列車の仕切った)**客室・コンパートメント**

☆ **particle** [パーティクル] 「parti＝part(部分)：cle＝指小辞→小さな部分」

名 **微粒子・小片、ごく少量**

an elementary particle 素粒子

There is not a particle of truth in the report.

その報告には一片の真実もない。

└─ ※ **particular** [パティキュラ]

形 **特定の、格別の、詳細な**

in this particular way 特にこの方法で

his particular talent 彼の特有の才能

a full and particular account 十分で詳しい説明

└─ ☆ **particularly** [パティキュラリ]

副 **特に、詳細に**

★ partake [パーテイク]「par＝part(部分)：take」

自動 (partook,partaken)共にする・参加する

partake in a discussion　議論に参加する

★ participate [パーティスィペイト]「parti＝part(部分)：cipate＝take→

参加する・関係する」

自動 参加する・関係する

I'll participate in the game.　私はその試合に参加するつもりだ。

──── ★ partial [パーシャル]

形 一部(分)の・不完全な、不公平な・偏した

a partial truth　一面的な真理

He is always partial to his friends.

彼はいつも友人をえこひいきする。

── partition [パーティション]

名 間仕切り・パーティション

──☆ partner [パートナ]

名 仲間・相手・共同出資者、(ダンスなどの)組む相手・パートナー

We have been partners in a beauty parlor.

私達は共同で美容院をやってきた。

a partner in dancing　ダンスで組む相手

017 アンサンブル ── 重奏・重唱。元はフランス語

アンサンブルは「重奏・重唱・演奏の統一性」。ファッションの分野でも服装の統一性の意味でよく使われている。アセンブリーとなれば「機械の組み立て」で、工場のアセンブリーライン (組み立て工程) などと使われている。

ensemble [アーンサーンブル]

名 総体・全体的効果、(調和のとれた)ーそろいの婦人服・アンサンブル、(音楽)

アンサンブル

語源 en＝in：**semble**＝together（一緒に）

類語

☆**assemble**［ア**セ**ンブル］「as＝to：semble（一緒に）」

他動・自動 **集める、**（機械を）**組み立てる**

assemble data　資料を集める

assemble a TV set　テレビを組み立てる

──☆**assembly**［ア**セ**ンブリ］

名 **集合・会合、**（機械の）**組立て・アセンブリー**

the General Assembly　国連総会

a assembly line　流れ作業、一貫作業

---

018 ユニゾン ── 斉唱。同じ音名を演奏または歌うこと

ユニゾンは「調和、斉唱」だ。ユニ（一つの意）はユニフォーム、ユニット（一個・単位）、ユニオン（連合）、ユニバース（宇宙）、ユニバーシティ（大学）に使われている。意外にもユニークもこれにつながっているが、原義は「一つの、独特の」の意である。ゾン（ソン）は音の意で、世界的な有力企業、ソニーの社名にも使われている。

unison［**ユ**ーニゾン］

名 **調和・一致、斉唱・同音・ユニゾン**

語源 uni＝one：son＝sound（音）

類語

☆**uniform**［**ユ**ーニフォーム］「uni＝one：form（形）→同じ形の」

形 **同一の・不変の**

at a uniform rate　一定の率で

名 制服・ユニフォーム

a school uniform　学校の制服

★ **uniformity** [ユニフォーミティ]

名 同一・画一性

the uniformity in houses　家屋の画一性

☆ **unite** [ユナイト]「un(i)＝one：ite＝動詞語尾(にする)」

他動・自動 一体化する・団結させる

United we stand, divided we fall.

団結すれば立ち、離れれば倒れる。《諺》

☆ **united** [ユナイディド]

形 結合した

the United States of America　アメリカ合衆国(USA)

☆ **unity** [ユーニティ]

名 統一・合同

live in unity with all men　すべての人と仲よく暮らす

☆ **unit** [ユニット]

名 1個、単位、設備一式

a unit price　単価

units of energy　エネルギーの単位

a kitchen unit　台所設備一式

☆ **union** [ユーニョン]「un(i)＝one：ion＝名詞語尾」

名 連合、団結、組合

chemical union　化合

Union is strength.　団結は力なり。

a labor union　労働組合 米

☆ **unique** [ユーニーク]「uni＝one：que(の)」

形 独特の・類のない

an event unique in modern history　近代史に類のない出来事

☆ **universe** [ユーニヴァ〜ス]「uni＝one：verse＝turned→1つにされた

もの→全体」

名 宇宙・全世界

The earth is a part of the universe.　地球は宇宙の一部である。

── ☆ universal [ユーニヴァ〜サル]

形 宇宙の・全世界の、普遍的な

universal gravity　万有引力

universal rules　一般法則

── ※ university [ユーニヴァ〜スィティ]（多くの学部を持つ総体の意）

名 総合大学、大学

enter the university　大学に入る

---

019 アレンジ ── 編曲すること、アレンジメントは編曲

アレンジは「並べる・調整する」だ。最近、アレンジャー（編曲者）も結構人気があると聞くが、フラワーアレンジメントとなれば「生け花」である。語源のレンジは「並び・列、並ぶ」で、電子レンジ、レンジャー部隊などと使われており、ロングレンジ（長期の）などの表現も時として耳にする。

☆ arrange [アレインヂ]

他動・自動 並べる、調整する、編曲（脚色）する

arrange one's hair　髪を整える

arrange the meeting　会合のおぜんだてをする

arrange a piece of music for the violin

　楽曲をバイオリン曲に編曲する

語源 ar＝to：range（列）→列に入れる

類語

☆ range [レインヂ]

自動・他動 1列に続く・並ぶ、〜に及ぶ・広がる、歩き回る

The large houses ranged along the road.

　大きな家が道路に沿って並んでいた。

as far as the eye can range　目の届くかぎり

range through the woods　森の中を歩き回る

　名 並び・列、範囲、射程、料理かまど(レンジ)

a range of mountains　山脈

the range of her voice　彼女の音域

a long-range missile　長距離ミサイル

　　　ranger [レインヂャ]

　　　　名 うろつく者・放浪者、森林警備官 米 、レインジャー(特に森林や
無人地域でゲリラ活動をする訓練を受けた兵)

derange [ディレインヂ]「de＝apart(離れて)：range(列)」

　　他動 乱す・錯乱させる

She is deranged by cares.　彼女は心配ごとで精神が錯乱している。

　　　☆ arrangement [アレインヂメント]

　　　　名 整理・配置、取り決め、編曲(した曲)・脚色

　　　flower arrangement　生け花

　　　At last they came to an arrangement.

　　　　ようやく彼等の話し合いがついた。

　　　an arrangement for the piano　ピアノ曲への編曲作品

020 フィーチャー ── バンドの演奏に特別なゲストを迎え、演奏に特徴を出すこと

フィーチャーは「顔の一部・特徴、特色をなす・主演させる」である。要するに、特徴づけて呼び物とするのだ。フィートとなれば「偉業」、デフィートとなれば「敗北」である。ちなみに、フィーチャー・ストーリーは特集記事である。

☆ feature [フィーチャ]

名 顔の一部、(通例～s)目鼻だち・顔かたち、特徴・呼び物

Her mouth is her best feature.　彼女は口元が一番いい。

a girl of fine features　目鼻だちの整った少女

a feature of this city　この町の一特徴

他動 特色をなす

Rocky hills feature the landscape.　岩山がその風景の特徴だ。

語源 feat＝do(なす)、make(作る)より、「作られたもの」の意

類語

★feat [フィート]「なしたことの意」

　　名 偉業・功績

　　achieve a feat　偉業をなしとげる

★defeat [デフィート]「de＝down：feat(なす)」

　　他動 負かす

　　defeat an enemy　敵を破る

　　名 敗北、打破

---

　　　feature story [フィーチャストーリー]

　　　　名 (新聞・雑誌の)特集記事 米

021 イントロ [イントロダクション] ── 序奏・前奏。記号は intro.

イントロ [イントロダクション] は「紹介・導入」、イントロデュース
は「紹介する・導入する」だ。プロデュースとなれば「生産する・
製作する」で、プロダクト (生産物)、プロダクション (生産・製作
所)、プロデューサー (製作者) にも変化する。レデュースとなれば
「減じる」である。

☆introduction [イントロダクション]

　　名 紹介、導入・伝来、序論・入門書、(音楽)序奏・序曲・イントロ

a letter of introduction　紹介状

the introduction of European civilization into Japan

　ヨーロッパ文明の日本への伝来

An Introduction to Soccer　サッカー入門（書名）

└─☆ **introduce** [イントロ**デュ**ース]

　　　　他動 **紹介する、導く・導入する**

　　　　May I introduce Mr. Johnes to you?

　　　　　ジョーンズ氏をご紹介します。

　　　　introduce a new fashion　新しい流行を伝える

語源 intro＝in（中に）：**duce**＝lead（導く）

類語

※ **produce** [プロ**デュ**ース]「pro＝forth（前へ）：duce（導く）→前に導き出す

　　　→産出する」

　　　他動・自動 **生産する、製作（演出・上演）する**

　　produce a lot of great works of art

　　　数々のすぐれた芸術作品を生み出す（つくる）

　　produce a play　劇を上演（演出）する

　　名 **生産物・農産物、生産高（額）**

─★ **producer** [プロ**デュ**ーサ]

　　　　名 **生産者、製作者・プロデューサー**

─☆ **product** [プ**ラ**ダクト]

　　　　名 **産物・生産品、結果**

　　　　farm products　農産物

　　　　a product of hard work　精力的な仕事の成果

─☆ **production** [プロ**ダ**クション]

　　　　名 **生産、製品、（映画などの）製作所・プロダクション**

　　　　mass production　大量生産・マスプロ

　　　　industrial productions　工業製品

☆ **reduce** [リ**デュ**ース]「re＝back：duce（導く）→引き戻す」

他動・自動 減じる、(ある状態に)**する**

reduce speed　速度を落とす

The house was reduced to ashes.　その家は灰になった。

──☆ **reduction** [リダクション]

名 減少、割引

reduction of armaments　軍備縮小

No reduction is made　値引なし

★ **induce** [インデュース]「in＝into(中に)：duce(導く)→導き込む」

他動 (人に勧めて)**〜させる、引き起こす**

I tried to induce him to go skating.

私は彼をスケートに行く気にさせようとした。

Overwork induces illness.　過労は病気を引き起こす。

022 シャウト ── 叫ぶように歌う唱法

シャウトは「叫ぶ、叫び声」である。これでライブは盛り上がるのだ。運動などのトレーニングの際、これをやると効果があると聞く(シャウト効果)。「どっこいしょ!」で楽々立ち上がることができるのだ。

※ **shout** [シャウト]

名 叫び・叫び声

He gave a great shout.　彼は大声をあげた。

自動・他動 叫ぶ、大声で話す

shout for help　助けてと叫ぶ

Don't shout.　大声を出すな。

023 ハミング ── 口を閉じ、息を鼻に抜く唱法

ハミングは「ぶんぶんいう音、鼻歌を歌う」だ。これが無線のハム

（雑音）につながっているとは気が付くまい。ハミングバードとなれば「ハチドリ」である。

humming［ハミング］
- 名 ぶんぶんいう音、鼻歌・(音楽)ハミング
- 形 ぶんぶんいう、鼻歌を歌う

a humming top　うなりごま

★ hum［ハム］
- 自動・他動 (ハチ・こまなどが)ブンブン音をたてる、鼻歌を歌う

A bee hummed close to his ear.
　一匹のみつばちが彼の耳もとでブンブン羽音をたてた。
He is humming.　彼は鼻歌を歌っている。
- 名 ブンブンいう音、低いうなり声・雑音・ハム

the hum of bees　みつばちのブンブンいう音
the hum of distant traffic　遠くの往来の雑音

hummingbird［ハミングバ〜ド］
- 名 はちどり

024 ビブラート ── 演奏または歌唱技法の1つで震音。トレモロとの違いは音階の上下で波を表現する。元はイタリア語

ビブラートは「振動音」、バイブレートは「振動する」だ。バイブ（バイブレーター）は一応、電気マッサージ器と訳しておこうか。

vibrato［ヴィブラートウ］
- 名 震動音(声)・ビブラート

★ vibrate［ヴァイブレイト］
- 自動・他動 振動する・震動する

My heart vibrated with excitement.
　私の胸は興奮で震えた（どきどきした）。

vibration [ヴァイブレイション]

名 振動・震え

vibrator [ヴァイブレイタ]

名 振動するもの、電気マサージ器

025 トレモロ ── 細かく震える音を出す奏（唱）法。ビブラートとの違いは音の大小
で波を表現する。元はイタリア語

トレモロは「震える」を原義とする元イタリア語で、歌のタイトルや
歌詞にもよく使われている。トレンブルとなれば「震える」、トレメン
ダスとなれば「恐ろしい」である。

tremolo [トゥレモロウ]

名 トレモロ

語源 trem＝shake（震える）より

類語

☆ tremble [トゥレンブル]「trem（震える）」

自動・他動 （寒さ・恐怖・怒りなどで）震える、（大地・木・葉・光などが）揺れる

tremble with cold　寒さでふるえる

The leaves trembled in the wind.　木の葉が風に揺れた。

名 震え・身震い

There was a tremble in his voice.　彼の声は震えていた。

☆ tremendous [トゥリメンダス]「tremend＝tremble：ous＝形容詞語尾→
恐るべき」

形 ものすごい、恐ろしい

tremendous waves　ものすごい波

a tremendous fact　恐るべき事実

---

026 スコア — 楽譜

スコアは「得点・成績・楽譜」だ。スコアボード、スコアラーなどとも使われている。野球にはスコアブック、ゴルフにはスコアカード、サッカーにはスコアレスドロー（無得点の引き分け）がある。

☆ score [スコー]

　　名 得点・成績、(〜s)多数、楽譜(スコア)

　make a score　得点する

　scores of books　たくさんの本

── 　**scoreboard** [スコーボード]

　　　　名 得点掲示板(スコアボード)

── 　**scorer** [スコーラ]

　　　　名 得点記録係・スコアラー、得点者

027 スケール — 音階。一定の法則性にのっとった音階の部分

スケールは「目盛り・規模」。「スケールが大きい」などと使われるが、スケールアップ、スケールメリットなども近年よく聞く言葉だ。一般的には「物差し」の意味で使われることが多い。

☆ scale [スケイル]

　　名 目盛、規模・スケール、縮尺、音階

　the scale of a ruler　ものさしの目盛り

　on a large scale　大規模に(で)

　The map is drawn to a scale of 1/5,000.

　　地図は5千分の1の縮尺でかかれている。

　the major scale　長音階

　　他動・自動 (絶壁などを)よじ登る、一定の割合で表わす・縮尺でかく

　scale a peak　峰に登る

scale up 5 per cent （一律に）5パーセント引き上げる

028 モデラート ── 中ぐらいの速さで。元はイタリア語

モデラートは、元はイタリア語で、「中ぐらいの速さで」の意。モデレートとなれば「穏健な」で、**008** のモード、モデストなどにつながっている。

moderato［マデラートウ］
　　副 中ぐらいの速さで

語源 mod＝manner（仕方・様式）より
類語
★mode［モウド］
　　008 モードの項参照

029 クレッシェンド ── だんだん強く。元はイタリア語

クレッシェンドは元イタリア語で「次第に強くなる」の意。クレセントとなれば「三日月」、インクリースとなれば「増加する」、ディクリースとなれば「減少する」、クリエイトとなれば「創造する」である。意外にも日常的に使われるレクリエーション、コンクリートにもこれはつながっている。

crescendo［クレシェンドウ］
　　副 （音楽）しだいに強く
　　名 （音楽）（＜）クレッシェンドの一節、盛り上がり
　── crescent［クレスント］
　　　　名 新月・三日月

形 三日月形の、増大(成長)していく

a crescent moon　三日月

語源 cre＝grow(大きくなる、成長する、成長させる、つくる)より

類語

★decrease [ディ(ー)クリース]「de＝down(マイナスの方向に)：crease(成長する)」

自動・他動 減少する

The members decreased to ten.　会員は10人に減った。

名 減少・減退

on the decrease　しだいに減って

※increase [インクリース]「in＝on(プラスの方向に)：crease(成長する)」

自動・他動 増加する

Our difficulties are increasing.　私達の困難はつのっている。

名 増大・増加

an increase in population　人口増加

★concrete [カンクリート]「con(共に)：crete(成長する)→(共に密に)成長する→固まる→具体的な」

形 具体的な、固体の・コンクリートで作った

a concrete idea　具体的な考え

a concrete building　コンクリートの建物

名 コンクリート

reinforced concrete　鉄筋コンクリート

他動・自動 コンクリートで固める

concrete a pavement　コンクリートで舗装する

※create [クリエイト]「cre(つくる)より」

他動 創造する、創作する

create a drama 劇を創作する

── ☆creation [クリエイシャン]

名 創造・創作・創始

the creation of great works of art

偉大な芸術作品の創造

└─☆ creative [クリエイティブ]

形 創造的な

creative power　創造力

──☆ **creator** [クリエイタ]

名 創造者・造物者・神

the Creator　創造主

──☆ **creature** [クリーチャ]

名 創造物・生物

human creature　人間

──★ **recreate** [レクリエイト] 「re（再び）：create（つくる）→元気の回復」

動 休養させる・楽しむ

recreate oneself with　〜をして楽しむ

└─☆ **recreation** [レクリエイシャン]

名 休養・気晴らし・娯楽・遊戯・運動

take creation　休養する

030 フォルテ ─── 強弱記号の1つで「強く」。元はイタリア語

フォルテは元イタリア語で「強く」の意。フォート（砦）、コンフォート（慰安・力づけること）、フォース（力、強いる）にもつながっている。野球のフォース・アウト、テニスのアンフォースドエラーを用例として付けておこう。まあ、コンファタブル（安楽な）あたりは日常的にも聞かないでもない。

forte [フォーティ]

副 （音楽）強く、（f. と略す）

語源 fort＝strong（強い）、force（武力）

類語

☆comfort ［**カ**ンファト］「com＝強意：forts（強い）→強く力づける→慰安」

名 慰め、安楽

His son was a great comfort to him.

　息子は彼にとって大きな慰めであった。

They lived in comfort.　彼らは安楽に暮らした。

他動 慰める・元気づける

comfort her for his death　彼の死に対して彼女を慰める

──☆comfortable ［**カ**ンファタブル］

形 気持のよい・安楽な

a comfortable hotel　居心地のよいホテル

☆effort ［**エ**ファト］「ef＝out（外へ）：fort（力）→力を出すこと→努力」

名 努力

He made an effort to do well.　彼は立派にやろうと努力した。

★enforce ［エン**フォ**ース］「en＝in：force（力）→強いる」

他動 （行為などを）**強いる**、（法律などを）**施行する**

enforce silence on him　彼に沈黙を強いる

enforce a rule　法律を施行する

★reinforce ［リィーン**フォ**ース］「re＝again：inforce＝enforce→再び力をつける」

他動 **補強する・強化する**

reinforce walls　壁を補強する

★fort ［**フォ**ート］「fort（武力）→武力を結集する場所」

名 とりで、（北米原住民との）**交易所**

hold the fort　とりでを守る、譲らない

──★fortress ［**フォ**ートレス］

名 要さい

☆force ［**フォ**ース］

他動 強制（要）する、無理に～する

38

Hunger forced him to steal. 飢えが彼にやむなく盗みをさせた。

force the window open 無理に窓を開ける

名 力、腕力・暴力、軍隊

the force of mind 精神力

He used force on me. 彼は私に暴力をふるった。

the air force 空軍

── **force-out** [フォースアウト]

名 （野球）封殺・フォースアウト

031 シンコペーション ── 切分音。強拍と弱拍の位置を本来の場所からずらしてリ
ズムに変化を与えること

シンコペーションは「中略・省略」の意。「メロディーが前の小節に
食い込むことで高揚感が生まれる」と言われている。この言葉は本
来、音節の脱落を意味するギリシア語の文法用語だったと聞く。

syncopation [スィンコペイション]

名 （語の）中略・省略、（音楽）切分（音）・移勢・シンコペーション

── **syncopate** [スィンコペイト]

他動 （語の中間を）省略する、切分する

── **syncope** [スィンコピィ]

名 （語の）中略・省略、気絶・失神

2 音楽のジャンル

(1) クラシックなど

032 クラシック ── **古典派の音楽など西洋の伝統的音楽をさす**

> クラシックは「第一級の・古典的な・由緒ある、古典」である。古代ローマ市民の6階級のうち、最高の階級を意味するクラシカスに由来するが、これにつながるクラスはクラスメート、クラスルームなどと日常的に使われている。クラスファイとなれば「分類する」である。

☆ classic [クラァスィック]

  形 第一級の、古典の、由緒のある・伝統的な

  our modern classic writers　当代一流の作家達

  classic civilization　古典文明

  a classic town　由緒ある町

  名 古典・名作、古代ギリシャ・ローマの古典文学、(スポーツなどの)伝統的行事 (試合)・クラシックス

  "Robinson Crusoe" is a classic.

  　『ロビンソン・クルーソー』は名作である。

  He read classics at Oxford.

  　彼はオックスフォード大学で古典文学を学んだ。

語源 古代ローマ市民の6階級のうち「最高の階級」を意味するクラシカスより、「第一級の」の意

類語

※ class [クラァス]

  名 クラス・学級、授業、等級、種類、階級

  She is (at the) top of her class.　彼女はクラスで1番です。

an English class　英語の授業

the first class　1等・ファーストクラス

books of the same class　同種類の本

the middle class　中流階級

★ classify［クラァスィファイ］

他動　分類する

classify flowers according to colors

花を色によって分類する

★ classification［クラァスィフィケイション］

名　分類・格付け

☆ classical［クラァスィカル］

形　古代ギリシャ・ローマの・古典の、古典主義の

the classical period　古典時代（ギリシャ・ローマ期）

classical economics　古典派経済学

033　シンフォニー ── 交響曲

シンフォニーは「交響曲・交響楽団」。シンは「同じ」の意で、シンパシー（共感・同情）、シンメトー（対称）、シンクロナイズ（同調する）、シノニム（同意語）、シンパ（シンパサイザー・支持者）につながっている。水泳のシンクロ（シンクロナイズドスイミング）は大方のおなじみだろう。おまけに、楽器のシンセサイザーもつけておこうか。フォンは言うまでもなく「音」である。マイクロフォン、テレフォン、イヤホンを知らない人はいないだろう。

★ symphony［スィンフォニ］

名　交響曲、交響楽団

a symphony orchestra　交響楽団

語源 sym (syn) ＝same（同じ）：phony＝sound（音）
類語

☆ **sympathy** [スィンパスィ]「sym＝same：pathy＝feeling（感じ）→同じ気持」

   名 同情、共感

   feel sympathy for ～に同情する

   I have every sympathy with your love of sports.

    君のスポーツ好きには全く同感です。

──☆ **sympathetic** [スィンパセティック]

     形 思いやりのある、同意する

     sympathetic words 思いやりのある言葉

     I am sympathetic to your ideas.

      私はあなたの考えに同意します。

──★ **sympathize** [スィンパサイズ]

     自動 同情する、共感する

     I sympathize heartily with you. 君に心から同情する。

     I sympathize with your views.

      私はあなたの考え方に賛成だ。

       sympathizer [スィンパサイザ]

        名 同情者・支持者・シンパ

★ **symmetry** [スィメトリ]「sym＝same：metry＝measure（寸法）→同じ寸法」

   名 （左右）対称・調和・均整

 ──★ **symmetric** [スィメトリック]

     形 （左右）対称的な・均整のとれた

     The new building is not symmetric.

      あの新しい建物は左右対称でない。

 synchronize [スィンクロナイズ]「syn＝same：chron＝time（時）：ize ＝動詞語尾」

   自動・他動 同時に起こる・同時を示す

   Their movements don't synchronize with the melody.

    彼らの動きはメロディと合っていない。

synonym [スィノニム]「syn＝together：onym＝name→同じ名」

名 同意語・シノニム

phone [フォウン]

名 音・単音

-phone [フォウン]「音を出す機器」の意の連結形

earphone　イヤホーン（ear＝耳）

microphone　マイクロホン（micro＝small）

telephone　電話（tele＝far遠くに）

☆phone [フォウン]「telephone の短縮型」

名 電話、電話機

He is now on the phone.　彼は今電話中です。

May I use your phone?　お電話を貸していただけますか。

---

034 コンチェルト ― 協奏曲

コンチェルトは「協奏曲」、コンサートは「演奏会、協調する」だ。
インサートとなれば「挿入する」、アサートとなれば「主張する」、
デザートとなれば「捨てる、砂漠」である。いずれも結構な単語で
はないだろうか。

concerto [コンチェルトウ]

名 協奏曲・コンチェルト

└─☆concert [カンサ～ト]

名 音楽会・演奏会、一致・協力

give a concert　音楽会を催す

in concert with　～と協力して

他動 協定（調）する

take concerted action　一致した行動をとる

語源 con＝with：**cert(sert)**＝join（結びつける）

類語

★ **insert** ［イン**サ**～ト］「in＝in：sert（結びつける）→〜の中に加える」

> **他動** 挿入する・差し込む
>
> She inserted a key into the lock.　彼女は錠にかぎを差し込んだ。

☆ **assert** ［ア**サ**～ト］「as（〜に）：sert（結びつける）→（権利などを）主張する」

> **他動** （権利などを）**主張する、断言する・言いはる**
>
> He asserted his rights.　彼は自分の権利を主張した。
>
> They asserted that it was true.　彼らはそれが本当だと言いはった。

★ **desert** ［ディ**ザ**～ト］「de＝off：sert（結びつける）→分離する」

> **他動・自動** 見捨てる（放す）
>
> The man deserted his family.　その男は家族を捨てた。

> └─ ☆ **desert** ［**デ**ザト］
>
> > **形** 荒れはてた・人の住まない
> >
> > a desert island　無人島
> >
> > **名** 砂漠・荒野
> >
> > the Desert of Sahara　サハラ砂漠

★ **exert** ［イグ**ザ**～ト］「ex＝out：(s)ert（結びつける）→突き出す」

> **他動** （力などを）**発揮する**
>
> exert all one's power　全力を尽くす
>
> exert oneself to do　〜するよう努力する

---

035 ソナタ ── 奏鳴曲（ピアノないしピアノ伴奏つき独奏曲）。元はイタリア語

ソナタは「奏鳴曲」、ソンは音（サウンド）の意で、原義は「鳴り響く・演奏する」に由来し、「歌う」に由来するカンタータと対照をなしている。ソナチネとなれば「小奏鳴曲」、ピアノのレッスンには欠かせないものだ。

sonata［ソナータ］

> 名 （音楽）ソナタ・奏鳴曲

語源 son＝sound（音）より

類語

sonant［ソウナント］

> 形 音のする、ひびく

consonant［カンソナント］「con＝with（共に）：sonant（ひびく）→ともに
ひびく→調和する」

> 形 調和する、（音楽）協和音

be consonant with ～と調和（一致）している

dissonant［ディソナント］「dis＝not」

> 形 不協和音の、不調和の

---

sonatina［サナティーナ］

> 名 小奏鳴曲・ソナチネ

036 カンタータ ── 歌劇風声楽曲

カンタータは「歌劇風声楽曲」、イタリアのカンツオーネ、フランス
のシャンソンにつながっている。チャーントとなれば「歌・聖歌」、
エンチャントとなれば「うっとりさせる」である。フランク・シナトラ
の大ヒット曲、「サム・エンチャンテッド・イブニング（魅惑の宵）」
をご案内の向きもあろう。

cantata［カンタータ］

> 名 カンタータ

語源 cant（chant）＝sing（歌う）より

類語

canzone [キァンゾウニー]

> 名 カンツォーネ(イタリアの民謡風歌曲)

chant [**チァ**(ー)ント]

> 名 歌、聖歌

> chanson [シァンソン]

>> 名 シャンソン(仏語)

★ enchant [エンチァ(ー)ント]「en＝on：chant(歌う)→くり返し歌う」

> 他動 うっとりさせる、魔法にかける

> I was enchanted by the music. 私はその音楽にうっとりした。

> an enchanted wood 魔法の森

---

037 ユーモレスク ─ 19世紀に愛好されたユーモアに富んだ器楽小曲

ユーモレスクは「ユーモア」のある曲で、ユーモアは「ユーモア・しゃれ・気分」だ。アラベスク (アラビア風の)、ロマネスク (ローマ風の)、グロテスク (奇怪な) などと語尾が共通していることに注目である。おまけにジャパネスクを付けておこう。

humoresque [ヒューマレスク]

> 名 (音楽)ユーモレスク(気まぐれに変化する小曲)

> ☆ humor ㊍、humour ㊐ [ヒューマ]

>> 名 ユーモア・しゃれ、(一時的な)気分、気性

>> The story is full of humor. その話はユーモアに満ちている。

>> He was in a good humor. 彼は上機嫌だった。

>> Every man has his humor.

>>> 人はそれぞれ気質を持っている。十人十色。《諺》

>> 他動 (人の)機嫌をとる・あやす

>> Mother humored her child when he was sick.

>>> 子供が病気の時母親はその子をあやした。

★humorous［ヒューモラス］

形 ユーモラスな・こっけいな

a humorous story　こっけいな話

-esque［エスク］

接尾 名詞につけて「〜様式の」、「〜風の」の意を表す

★picturesque［ピクチャレスク］

形 絵のような、美しい

arabesque［アラベスク］

名 アラビヤ模様・アラベスク

romanesque［ロウマネスク］

形 （建築・絵画・彫刻）ロマネスク様式の

名 ロマネスク様式の建築

grotesque［グロウテスク］

形 異様な

※japanesque［ジャパネスク］

形 日本風の

名 日本風のもの

038 ファンタジー ── 幻想曲。ファンタジアともいう

ファンタジーは「幻想・空想」だ。ファンシィとなれば「想像・空想・愛好」である。近年、ファンシィグッツ、ファンシィドレスなどが若い女性に大人気と聞く。さらに、エンファシスとなれば「強調」となる。映画、ミュージカル、漫画などに登場するファントム（幽霊）、すこし難しいが、フェーズワンなどと使わるフェーズ（局面）などにもつながっている。

★fantasy［ファンタズィ］「phantasyともつづる」

名 空想・幻想、幻想曲（詩）

★fantastic［ファンタァスティック］

🔲形 空想的な、風変わりな

a fantastic plan　空想的な計画

fantastic designs　奇妙なデザイン

─ ☆fancy [ファンスィ]「fantasy の短縮型」

🔲名 想像（力）・空想（力）、好み・愛好

He has a lively fancy.　彼は活発な空想力を持っている。

have a fancy for　～を好む

🔲語源 fan(phan)＝show(現われる)より、(実在しないのに)目に見えるようにするものの意

🔲類語

phantom [ファントム]「現われるものの意」

🔲名 幽霊

🔲形 幻の・幽霊の

a phantom ship　幽霊船

★phase [フェイズ]「現われたものの意」

🔲名 面・相、局面・段階

They discussed all phases of the program.

彼等はその計画のあらゆる面を検討した。

the final phase of the war　戦争の最終段階

☆emphasis [エンファスィス]「em＝in:phasis(現われたものの意)」

🔲名 強調・重視

He put great emphasis on the point.

彼はこの点を大いに強調した。

─ ★emphasize [エンファサイズ]

🔲他動 強調する

emphasize the importance of economy

経済の重要性を強調する

039 セレナーデ ── 小夜曲。元はドイツ語

セレナーデは「小夜曲」、セリーンは「晴れた・うららかな」である。
多くはクラシックであるが、「ムーンライトセレナーデ」はジャズの
スタンダードナンバーとして知られている。

serenade [セレネイド]
> 名 小夜曲、夜の調べ（特に夜、男が恋人の窓の下で歌ったり、演奏したりする曲
> を指す）
> ── ★ serene [セリーン]
> > 形 晴れた・うららかな、平和な・落ち着いた
> > serene weather　のどかな天気
> > a serene life　平和な生涯

040 エレジー ── 悲歌

エレジーは「悲歌」だ。戦後最大のヒット曲の一つ、「湯の町エレ
ジー」を歌う人はもはやまれとなった。まさしく昭和は遠くなりに
けりである。**004** メロディ参照。

elegy [エラヂ]
> 名 悲歌・哀歌・哀悼曲
> ── elegiac [エリヂィアック]
> > 形 悲歌調の、哀愁をおびた

041 プレリュード ── 前奏曲。元はフランス語

プレリュードは「序曲、始める」の意だ。ホンダの名車「プレリュー
ド」のファンは少なくないだろう。チョットかっこいい名前ではない
だろうか。これがアリュードとなれば「ほのめかす」である。最近で

は、インタールードも「幕間」として時として目にする。

prelude [プレリュード]

名 (音楽)前奏曲・序曲・(劇)序幕、(物事の)始まり・前兆

他動 序・前兆となる、始める

prelude ones speech with a joke

前置きに冗談をいれて演説を始める

語源 pre = before : **lude** = play(奏する、戯れる、芝居)

類語

★ allude [アリュード]「al = to : lude = play(戯れる)→冗談を言う、それとなく言う」

自動 言及する・ほのめかす

He often alluded to his poverty.

彼はよく自分が貧乏であることをほのめかした。

delude [ディリュード]「de = down : lude = play(戯れる)→もてあそぶ」

他動・自動 迷わす・あざむく

delude oneself　勘違いする

interlude [インタリュード]「inter = between : lude = play(芝居)→芝居の間に」

名 幕間・合間、(音楽)間奏曲

interludes of bright weather　晴れ間

elude [イリュード]「e = out(外へ) : lude = play(動き回る)→身をかわす」

他動 のがれる

The meaning eludes me.　私にはその意味がわからない。

---

042 レクイエム ── 鎮魂曲(死者のミサの曲)

レクイエムは「鎮魂歌」だ。クワイエット (静かな、静けさ・静かにさせる) につながっている。とにかく静かに聴くのが良いのだろう。

requiem［レクウィアム］

名 鎮魂曲、弔いの歌・挽歌

語源 re＝again, back：**quim**＝quiet

類語

※ quiet［クワイェット］

形 静かな、温和な

a quiet room　静かな部屋

a quiet sea　おだやかな海

他動・自動 静かにさせる・なだめる

I quieted her fears.　私は彼女の恐怖を静めた（安心させた）。

☆ quietly［クワイェトリ］

副 静かに、おだやかに

He walked out of the room quietly.

彼は静かに部屋を出て行った。

043 ノクターン ── 夜想曲（夜の静かな気分を表わす夢想的なピアノ曲）

ノクターンは「夜想曲」、ノクターナルは「夜の」だ。やや専門的であるが、闇夜における暗視装置として「ノクトビジョン」がよく知られている。

nocturne［ナクタ～ン］

名 夜想曲

nocturnal［ナクタ～ナル］

形 夜の、夜間活動する・夜開く

I am a doctor so I often have nocturnal visits.

私は医師なので夜間の来診をよく受ける。

a nocturnal animal　夜行性の動物

└── **noctambulism** [ナクタァビュリズム]

　　名 夢遊病

044 ラプソディ ── 狂想曲

ラプソディは「狂想曲」で、**004** メロディにつながっている。大方は欧州の曲であるが、米国の有名な作曲家、ガーシュインの「ラプソディ・イン・ブルー」はタンゴの名曲としてよく知られている。新しいところではイギリスのロックバンド、クイーンの伝記映画「ボヘミアン・ラプソディ」をご案内の向きもあろう。

rhapsody [ラァプサディ]

　　004 メロディの項参照

045 フーガ ── 遁走曲。元はイタリア語

フーガは「遁走曲」。ザ・ピーナッツのヒット曲、「恋のフーガ」を知る人も多いだろう。ことに冒頭の部分は「遁走」の感じがよく出ていると聞く。余談ともなるが、ハリソン・フォード主演のヒット映画、「逃亡者」のタイトルは「ザ・フューヂャティブ」である。

fugue [フューグ]

├── 名 遁走曲・フーガ

└── **fugitive** [フューヂャティヴ]

　　　　名 逃亡者・亡命者

　　　　fugitives from the battle　逃亡兵

　　　　形 逃亡した、つかの間の

　　　　a fugitive soldier　脱走兵

　　　　fugitive colors　あせやすい色

046 オラトリオ ── 聖譚曲。宗教的題材に基づく叙事詩的楽曲

オラトリオは「聖譚曲」。オーラルイングリッシュなどと使われるオーラル (口の) につながっている。オラクルとなれば「神託」である。有力な情報システム企業として注目されている「日本オラクル」をご案内の向きもあろう。さらに、アドーとなれば「崇拝する」だ。

oratorio [オラトリオ]
- 名 聖譚曲
  - oratory [オーラトーリ]
    - 名 祈祷

語源 ora = speak (話す)、mouth (口)

類語

★ oral [オーラル]
- 形 口頭の・口述の
- an oral examination 口述試験

orate [オーレイト]
- 他動 演説する・一席ぶつ
  - oration [オレイション]
    - 名 演説・式辞
    - a funeral oration 追悼演説
  - orator [オレイタ]
    - 名 演説者・雄弁家
  - oratory [オラトリー]
    - 名 雄弁・修辞

oracle [オラクル]
- 名 神託

★ adore [アドー]「ad = to：ore (話す) → ～に話しかける、～を求める」
- 他動 敬慕する・崇拝する

She adores her elder brother.　彼女は兄を崇拝している。

047 マーチ — 行進曲

マーチは「行進」だ。日産の「マーチ」は人気が高い。要するに堂々
と行進するイメージだろう。最近ではマーチングバンドの人気が高
いとも聞く。

☆ march [マーチ]

　名 行進、行進曲、進展

　an army on the march　行進中の軍隊

　a wedding march　結婚行進曲・ウエディングマーチ

　the march of events　事件の進展

　自動・他動 行進する、進展する

　march along the street　街を行進する

　Science marches on.　科学は（休むことなく）進歩する。

(2) ポピュラー音楽など

048 ポップス — ポピュラー音楽の省略型で日本では西洋風の流行歌

ポップスはポピュラー（大衆的な）の省略形、ポピュレーションと
なれば「人口」である。最近は、ポピュリズムの危険が喧伝されて
いる。

※ popular [パピュラ]

　形 人気のある、大衆的な、民衆の

　He is popular with his friends.　彼は友達に人気がある。

　a popular novel　大衆小説

the popular voice　民衆の声

語源 popul＝people（人々）：ar＝形容詞語尾

類語

populate［パピュレイト］「popul（人々）：ate＝動詞語尾」

　他動・自動 居住させる・植民する

　populate a new country　新しい国に植民する

　└─☆ population［パピュレイション］

　　　名 人口、（the～）一定地域の住民

　　　The city has a large population.　その市は人口が多い。

　　　the native population　原住民

populous［パピュラァス］「popul（人々）：ous＝形容詞語尾」

　形 人口の多い

└─★ popularity［パピュラァリティ］

　　名 人気・評判

　　win popularity　人気を得る

---

049 ジャズ ── 米国黒人系音楽の1つ。アフター・ビートと器楽による即興演奏が特徴

ジャズは俗語として「活気」の意味がある。ジャジィとなれば「派
手な」である。最近ではジャズダンスがことに人気とも聞く。

jazz［ヂャズ］

　名 ジャズ、ジャズダンス、**俗** 活気・元気

　I am fond of jazz.　私はジャズが好きだ。

　└─ jazzy［ヂャズィ］

　　　形 ジャズ的な、**口** はでな・活気のある

　　　a jazzy sports car　はでなスポーツカー

050 スイング（ジャズ） ── 体を揺り動かしたくなる様なリズム感のあるジャズ。
1930年代中ごろから40年代にかけて大流行した

スイングは「揺れる、振動」だ。野球やゴルフのスイングを知らない人は少ないだろうが、「ぶらんこ」の意味もあることに注意しよう。そういえば、西部劇などによく出てくるスイングドアもある。

☆ swing ［スウィング］

　　名 振ること・揺れること・振動、ぶらんこ、（ジャズの）スイング

　　the swing of the pendulum　振り子の振動

　　Children like to sit on a swing.　子供達はぶらんこに乗るのが好きだ。

　　他動／自動 振る／揺れる

　　swing a bat　バットを振る

　　swing to and fro　前後に揺れる

051 モダン（ジャズ） ── 1940年代に生まれた新しいジャズ様式の総称

モダンは「現代の・近代の」で、**008**のモードにつながっている。余談ともなるが、この源流としてラグタイム、とくに黒人らしさが感じられるものとしてファンキージャズがあることを紹介しておこう。ラグは「ぼろきれ」、ファンキーは「臆病な」である。

☆ modern ［マダン］

　　008 モードの項参照

ragtime ［ラァグタイム］

　　名 ラグタイム

　　★ rag ［ラァッグ］

　　　　名 ぼろ・（〜s）ぼろの着物

　　　　a girl in rags　ぼろを着た少女

└─ ★ragged [ラァギッド]

　　形 ぼろぼろの

　　ragged clothes　ぼろぼろの衣服

funky [ファンキ]

　形 おくびょうな、（ジャズ）ファンキーな（初期ブルースの泥くささがある）

└─　funk [ファンク]

　　名 恐慌・おじけ

052 プログレッシブ（ジャズ） ── 主に白人のビッグバンドによる前衛的なジャズ、プログレッシブロックもある。

プログレッシブは「進歩的な」、プログレスは「前進・進歩、前進する」だ。トヨタの名車、「プログレ」は進歩的な車ということになる。アグレッシブとなれば「攻撃的な」で、「アグレッシブにいけ」などとハッパをかけられた向きもあろう。コングレスとなれば「大会・国会」で、学会などタイトルとしてよく使われている。

★progressive [プログレスィヴ]

　　形 進歩的な、前進する、（文法）進行形の

　　progressive ideas　進歩的な思想

　　progressive motion　前進運動

　　the progressive form　進行形

└─※progress [プラグレス]

　　　自動・他動 前進する、進歩する

　　It was impossible to progress further.

　　　これ以上前進することは不可能であった。

　　Science progresses.　科学は進歩する。

　　名 前進、進歩

　　make slow progress　ゆっくり進む

　　the progress of civilization　文明の進歩

類語

★ aggressive［アグ**レ**スィヴ］「ag＝ad＝to：gress（歩む）：ive＝形容詞語尾→踏み込む」

　　形 **攻撃的な、積極的な**

　　an aggressive man　けんか好きな男

　　an aggressive salesman　積極的なセールスマン

☆ congress［**カ**ングレス］「con＝together（共に）：gress（歩む）→ともに行く→集まる」

　　名 **会談・大会、（C～）国会・議会** 米

　　hold a congress　大会を開催する

　　Congress of the United States　米国議会

　regress［名：**リ**ーグレス、動：リグ**レ**ス］「re＝back：gress（歩む）→後へ戻る」

　　名 **後退・退歩**

　　progress and regress　進歩と退歩

　　自動 **後戻りする・退歩する**

　ingress［**イ**ングレス］「in＝in：gress（歩む）→中に入る」

　　名 **入ること、入口**

　　the rights of ingress　進入（入場）権

　ingredient［イング**リ**ーディアント］「in＝in：gredi＝step（歩む）：ent＝名詞語尾→中に入るもの」

　　名 **成分・原料**

　　the ingredient of a cake　ケーキの材料

　transgress［トゥラアンスグ**レ**ス］「trans＝across（横ぎって）：gress（歩む）→越えて行く」

　　他動・自動 （法律・規則などを）**犯す・**（限度を）**踏み越える**

　　transgress the law　法律を犯す

　　　　　progression［プログ**レ**ション］

名 進行・前進、（数学）数列

053 ブルース ── 現代アメリカのポピュラー音楽の最も基本的なジャンル。本来は
　　　　黒人の民族音楽の一種で、憂鬱な気分が特徴

> ブルーは「青い」であるが、「青ざめた・憂鬱な」の意味があることに
> 注意しよう。ブルーマンデー（憂鬱な月曜日）に覚えのある向きも多
> いだろう。英文法の話になるが、形容詞にＳをつけて物を表すことは
> よくあることで、グッツ、ショーツ、スラックス（ゆるい）などがわか
> りやすい例だろう。

※ blue [ブルー]

　　形 青い、青ざめた、憂うつな、ブルース調の
　　the blue sky　青空
　　His face was blue from the cold.　彼の顔は寒さで青ざめた。
　　blue Monday　（休みあけの）憂うつな月曜日・ブルー・マンデー
　　名 青色、(the〜s)憂うつ、(the〜s)ジャズのブルーズ
　　light blue　淡青色
　　get (have) the blues　気がふさぐ
　── blue-collar [ブルーカラ]
　　　　名 工場労働者
　── blue jeans [ブルージーンズ]
　　　　名 ブルージーンズ・ジーパン
　── blue ribbon [ブルーリバン]
　　　　名 ガーター勲章の青いリボン、最高名誉賞・ブルーリボン賞
　── navy blue [ネイヴィブルー]
　　　　名 濃紺色（英国海軍制服の色）・ネイビーブルー

054 ロックンロール ── ロック＆ロールの略。1950年代中ごろから始まり、エレキサウンドと強烈なビート、体を大きく揺らす様な演奏を特徴とする。後にはロックという呼称が一般的となった。

ロックンロールは「ロックアンドロール」の略で、「揺れて転がる」だ。ロック（揺れる）はロッキングチェア、ロール（転がる）はローラースケート、船のローリングがわかり易い例だろう。ロカビリーはこれとヒルビリー（田舎者）が融合したものだ。過激なロックとして、ヘビーメタル（重金属）、パンク（ちんぴら）ロックをおまけとして紹介しておこう。

★ rock［ラック］

（他動/自動）揺り動かす／揺れる

She rocks her baby to sleep.　彼女は赤ん坊を揺すって眠らせる。

The boat rocked gently.　ボートは静かに揺れた。

（名）揺れ・動揺、ロック音楽

rock-and-roll　ロックンロール

※ roll［ロウル］

（自動・他動）回転する、（波が）うねる、（船・飛行機などが）横揺れする

The ball rolled under the table.

　ボールがテーブルの下に転がり込んだ。

The sea rolls.　海が大きくうねる。

The ship rolls in the waves.　船が波で横揺れする。

（名）巻いたもの・一巻き、名簿・出席簿、（波、土地などの）うねり・（船などの）横揺れ、ロールパン

a roll of cloth　生地の一巻き

call the roll　出席をとる

roll of hills　丘の起伏

── ★ roller［ロウラ］

（名）ローラー、ころ・地ならし機・圧延機

hillbilly [ヒルビリ]「hill:Billy（男の子の意）」

 名 （米国南部諸州の）**未開地住民、田舎者**

 ※ hill [ヒル]

   名 **丘・小山・**(the～)**山地、坂**

    hillside [ヒルサイド]

     名 **山腹**

punk [パンク]

 名 **口** **たわごと**、**俗** **ちんぴら、パンク（つっぱり風俗）**

 形 **俗** **下等な・くだらない**

---

055 スピリチュアル ── 霊歌。米国の宗教的な大衆音楽の総称。ニグロ・スピリチュ
アル、ホワイト・スピリチュアル、ゴスペル・ソングに分かれる

スピリチュアルは「精神の・霊的な」、スピリットは「精神・気力」
だ。ファイティングスピリットはよく聞く言葉だろう。インスパイア
となれば「激励する・吹き込む」で、初対面でことに大切とされる
インスピレーション（霊感）につながっている。また、アスパイアと
なれば「熱望する」、「パスパイア」となれば「汗をかく」である。ち
なみに、スピリットが複数になるとスピリッツで、「強い酒」だ。

☆ spiritual [スピリチュアル]

 形 **精神の・霊魂の**

 spiritual life　精神生活

 ※ spirit [スピリット]

   名 **精神、霊、気力、**(通例～s)**気分、**(通例～s)（ウイスキー・ブラン
デーなどの）**強い酒・スピリッツ**

   body and spirit　肉体と精神

   the world of spirit　霊界

   a man of spirit　活気に満ちた人

   They are in good spirits.　彼らは上機嫌だ。

他動 元気づける

spirit up a person with whisky　ウイスキーで人を元気づける

語源 spir＝breathe（呼吸する）：it（もの）→息、生命、魂、活力

類語

☆inspire［インスパイア］「in（中に）：spire（呼吸する）→息を吹きこむ→激励する」

　他動 激励する、吹きこむ

　This success inspired me.　この成功が私を元気づけた。

　inspire a person with hope　人に希望を与える

　└──★inspiration［インスピレイション］

　　　名 霊感・インスピレーション、激励

　　　receive a deep inspiration　深い霊感を受ける

　　　under the inspiration of one's mother　母の激励で

★aspire［アスパイア］「a＝to：spire（呼吸する）→或る物に向かって呼吸する

　→或る物を望む」

　自動 熱望する

　He aspires to be a doctor.　彼は医者になることを熱望している。

　└──　aspiration［アスピレイション］

　　　名 熱望

　　　an aspiration for (after) fame　名声への熱望

　expire［エクスパイア］「ex＝out：(s)pire（呼吸する）→息を出す、終りまで

　　呼吸する→息が絶える、尽きる」

　自動 期限が切れる

　My driving license expired.　私の運転免許は期限が切れた。

　└──　expiration［エクスピレイション］

　　　名 満期

　　　at the expiration of　～が満期に

　conspire［コンスパイア］「con＝together：spire（呼吸する）→共に吸収

　　する、呼吸を合せる→同じ行動をする」

　自動・他動 共謀する・力を合せて～する

conspire against the state　国家に反乱を企てる

└─ ★conspiracy [コンスピラスィ]

名 陰謀・共謀

in conspiracy with　〜と共謀して

respire [レスパイア]「re＝again：spire（呼吸する）」

自動 呼吸する

└─　respiration [レスピレイション]

名 呼吸

artificial respiration　人工呼吸 米

perspire [パスパイア]「per＝through（〜を通して）：spire（呼吸する）→

〜を通して呼吸する→発汗する」

自動 汗をかく

---

056 ゴスペル（ソング） ── ニグロ・スピリチュアルが1930年代にジャズの影響を
受けて生まれた宗教歌

ゴスペルは「福音・神の国・救いなどについての教え」だ。「ありがた
い話」が原義で、意外にもスペリング（つづり）につながっている。
まあ、日本では「聖者の行進」が最もポピュラーであるが、今は亡
き本田美奈子が熱唱する「アメージンググレース」も悪くない。

★gospel [ガスプル]

名 福音・（キリスト、神の国、救いなどについての）教え

語源 go＝god＝good：spel＝story →ありがたい話
類語

★spell [スペル]

名 まじない言葉・呪文

under a spell　魔力にかかって、魔がさして

※ spell [スペル]

(他動・自動) (語を)**つづる**・(文字が)**〜となる**

How do you spell your name?　君の名はどうつづるのですか。

└─ ★ spelling [スペリング]

(名) **つづること・つづり**

He is poor at spelling.　彼はつづりが不得意である。

---

057 ソウル・ミュージック ── 米国の黒人音楽で、強いリズムと感情を込めた演奏を
特徴とする現代風のブルース

ソウルは「魂」である。ミュージックはギリシャ神話の女神、ミューズの技芸に由来するもので、ミュージアム（美術館）につながっている。ついでに、米国南西部て発祥した、素朴で田舎風の音楽、カントリーミュージックをつけておこう。カントリーには「国」のほか「郊外・田舎・祖国」などの意味があることに注意したい。ゴルフのカントリークラブ、陸上競技のクロスカントリーはわかりやすい用例だろう。また、これにつながるコントラリー（逆の）、コントラスト（対比）なども結構大切な言葉だ。

☆ soul [ソウル]

(名) **魂、精髄(せいずい)・生命**

He has no soul.　彼は気が抜けたような男だ。

Fair play is the soul of athletic sports.

　フェアプレーは運動競技の生命である。

※ music [ミューズィック]

(名) **音楽、美しい調べ**

They danced to the music.　彼等は音楽に合わせて踊った。

the music of little birds　小鳥のさえずり

語源 ミューズの神々の技芸より

類語

Muse [ミューズ]

名 ギリシャ神話の神ミューズ(ゼウスの娘で学芸・詩・音楽などをつかさどる)、(m〜)詩想・詩才

★ museum [ミューズィアム]「ミューズの神々の神殿の意」

名 博物館、美術館 **米**

☆ musical [ミューズィカル]

形 音楽の、音楽的な

a musical score 楽譜

a musical sound 音楽的な(心地よい)響き

名 音楽劇・ミュージカル

☆ musician [ミュズィシャン]

名 音楽家・ミュージシャン

※ country [カントリ]

名 国・国家、(one's〜)祖国・故郷、(the〜)いなか・地方

So many countries, so many customs.

　所変われば品変わる。《諺》

My country is Okinawa. 私の故郷は沖縄です。

My father lives in the country. 私の父はいなかに住んでいる。

語源 contra(反対の、向こう側の)より、向こう側にある地域の意

類語

☆ contrary [カントレリ]

形 反対の・逆の

contrary opinions 反対意見

名 反対・逆

Dreams go by contraries. 夢はさか夢。《諺》

on the contrary それどころか

☆ **contrast** [カントラァスト] 「contra(反対に)：st＝stand(立つ)」

（他動・自動）**対比(対照)する**

contrast A with B　AをBと対比(照)する

★ **contradict** [カントラ**ディ**クト] 「contra(反対)：dict＝speak(言う)」

（他動）**否定する、矛盾する**

contradict a report　報告を否定する

The facts contradicts his theory.　事実は彼の学説と矛盾する。

★ **controversy** [カントラ**ヴァ**～スィ] 「contro＝contra(反対の)：versy＝turn→反対の方に向けられた」

（名）**論争・口論**

a hot controversy about the novel　その小説についての激論

---

058 バラード ─ 叙事的な歌曲。

バラードは「叙事詩」だ。邦楽のバラードとしては「涙そうそう」あたりが最もよく知られているといえるだろう。バラード風などとも使われるが、バラッドとなれば「民謡」である。

ballade [バラード]

（名）物語詩・(音楽)バラード

ballad [バァラッド]

（名）民謡・バラッド

---

059 ララバイ ─ 子守歌

ララバイは「子守歌」、ララは「鎮める」である。このララが有名な風邪薬、「ルル」に通じているとはチョット気が付かないところだ。世界的な名曲、「ララバイ・オブ・バードランド」、岩崎宏美のヒット

曲、「聖母たちのララバイ」をおまけに付けておこうか。

lullaby [ララバイ]

名 子守歌、眠くなるような調べ「lulla＝疑声語：by＝by-by（ねんね）」

lull [ラル]

動 （子供を）あやす・なだめる

lull a baby to sleep　赤ん坊をあやして寝つかせる

The waves were lulled.　波が静まった。

名 （暴風雨などの）小やみ・なぎ

a lull in the storm　あらしの小やみ

060 フュージョン ─ ロックやクラシックなど他の分野と融合したジャズ

フュージョンは「溶解・融合」、フューズは「溶かす」だ。レフューズ
となれば「断る」、コンフューズは「混同する」、ディフューズは「散
らす」である。用例として電気のヒューズ、経済統計などで注目さ
れるディフュージョン・インデックス（景気動向指数・DI）のディ
フュージョン（散布・普及）も付けておこう。

fusion [フュージョン]

名 溶解・融合

the fusion of metals　金属の溶解

fuse [フューズ]

他動・自動 溶かす・融合させる

fuse two pieces of wire together　二本の針金を溶接する

名 ヒューズ

語源 fuse＝pour（注ぐ）、melt（流れる、溶ける）

類語

※ refuse [リフューズ]「re＝back：fuse（注ぐ）→注ぎ戻す→要らないと断わる

（他動・自動）拒絶する、断わる・〜しない

refuse a gift　贈り物を断わる

The door refuses to open.　このドアはなかなか開かない。

└──★refusal [リフューザル]

（名）拒絶、辞退

receive a refusal　断わられる

★confuse [コンフューズ]「con＝together（共に）：fuse（注ぐ）→ごちゃご
ちゃに注ぐ」

（他動）混同する、混乱させる・当惑させる

I confused him with his brother.　私は彼とその弟をとりちがえた。

I was confused by the question.　私はその質問に当惑した。

└──☆confusion [コンフュージョン]

（名）混乱、当惑

mental confusion　頭の混乱

in confusion　ろうばいして、雑然として

diffuse [ディフューズ]「dif＝apart（別々に）：fuse（注ぐ）」

（他動・自動）散らす、広める

diffuse heat　熱を発散する

diffuse learning　学問を広める

（形）散らばった、散漫な

diffuse light　散光

a diffuse writer　冗長な作家

└──★diffusion [デフュージョン]

（名）散布・普及

the diffusion of knowledge　知識の普及

061 コンチネンタル（タンゴ）── 西欧風のタンゴ。アルゼンチンタンゴが欧州で変化したもので、弦楽器を中心に演奏される

コンチネンタルは「大陸の・大陸風の」、コンチネントは「大陸」、コンティンは「含む」である。コンテンツ（内容）、コンテナーはもとより、エンターテイナー、メンテナンス（保守）、サスティン（支える）など重要な言葉とつながっている。今や人類最大の課題となっているサスティナビリティ（持続可能性）に関心の深い人は少なくないだろう。ちなみに、メンテナンスはメンテと略してよく用いられている。

★ continental［カンティネンタル］

　　形 **大陸の・大陸性の、（C～）ヨーロッパ大陸の**

　　a continental climate　大陸性気候

　　a continental tour　ヨーロッパ周遊旅行

　　──☆ continent［カンティネント］

　　　　名 **大陸、(the C～)ヨーロッパ大陸**

　　　　──☆ contain［コンテイン］

　　　　　　他動 **含む、収容する**

　　　　　　The bottle contains one liter of water.
　　　　　　　そのびんには1リットルの水が入っている。
　　　　　　The room will not contain all of them.
　　　　　　　この部屋は全員を収容出来ない。

語源 con＝together（共に）：**tain**＝hold（保つ）

類語

★ sustain［サステイン］「sus＝from below：tain（保つ）→下から持つ→支える」

　　他動 **支える・耐える、維持する・養う**

　　sustain the weight of the roof　屋根の重みを支える

　　Food sustains our lives.　食物が生命を維持する。

☆ **entertain** [エンタテイン]「enter＝between, among：tain(保つ)→〜
の間に保つ→大事にする→もてなす」

(他動・自動) もてなす、楽しませる

entertain quests with music　音楽で客をもてなす

Her story entertained the children.

　彼女の話は子供たちを楽しませました。

── ★ **entertainment** [エンタテインメント]

　　(名) もてなし、余興・演芸、娯楽

　　give an entertainment to a guest　客をもてなす

　　a musical entertainment　音楽会

　　I find much entertainment in reading.

　　　私は読書がたいへん楽しみだ。

── **entertainer** [エンタテイナ]

　　　(名) 接待者、(歌手・コメディアンなどの)芸能人・エンターテイナー

☆ **maintain** [メインテイン]「main＝hand：tain(保つ)→手に持つ」

(他動) 保持する、支える、支持する・主張する

maintain peace　平和を保つ

maintain one's family　一家を養う

maintain one's opinion　自説を主張する

── ★ **maintenance** [メインテナンス]

　　(名) 保持・維持

　　the cost of maintenance　維持費

☆ **obtain** [オブテイン]「ob(強意)：tain(保つ)→しっかりと手に持っている」

(他動・自動) 得る

He obtained the position by money.　彼はその地位を金で得た。

☆ **retain** [リテイン]「re＝back：tain(保つ)→(なくさないように)後の方へしっ
かりと持つ」

(他動・自動) 保つ

retain one's rights　権利を保有する

☆ content [カンテント]

名 中味・内容物・コンテンツ、(〜s)目次・内容

the contents of a box　箱の中味

(the table of) contents　目次・目録

container [コンテイナ]

名 入れ物・容器、(輸送用の)コンテナー

3 音楽の内容など

062 スタンダード（ナンバー）── ポピュラー音楽のなかで定評があり、よく演奏される曲目

スタンダードは「標準」だ。お馴染みのスタンド（台・売店・観覧席など、立つ・立っている）に由来する言葉で、しっかりと立っていることが大切なのだ。これが野球やゴルフなどで使われているスタンス（姿勢・足の位置）ともなると、ディスタンス（距離）、サーカムスタンス（環境）、インスタンス（実例）、サブスタンス（物質）など重要な言葉につながる。

☆ **standard** ［ス**タァ**ンダド］「standする場所・点」

> 名 **標準、（度量衡の）基本単位・（貨幣制度の）本位**
>
> the standard of living　生活水準
>
> the gold standard　金本位制
>
> 形 **標準の、一流の**
>
> standard English　標準英語
>
> a standard writer　一流の作家

── ※ **stand** ［ス**タァ**ンド］

> 名 **〜台・〜立て、売店・屋台、（通例〜s）観覧席・スタンド**
>
> an umbrella stand　傘立て
>
> a newsstand　新聞販売店
>
> We sat in the stands to watch the game.
> 　我々はその試合を観戦するためにスタンドにすわった。
>
> 自動/他動 （stood,stood）**立つ・立っている／立たせる、耐える**
>
> Horses stand on all fours.　馬は四つ足で立つ。
>
> He stood his umbrella against the wall.
> 　彼は雨がさを壁に立てかけた。
>
> I cannot stand this hot weather.

私はこの暑さに耐えられない。

★ withstand [ウィズス**タァ**ンド]「with＝against：stand(立つ)→抵抗する」

他動 **抵抗する・耐える**

withstand an attack　攻撃に耐える

☆ outstanding [アウトス**タァ**ンディング]「out：standing」

形 **目立つ・顕著な**

an outstanding fact　目立った事実

stance [ス**タァ**ンス]

名 **(野球・ゴルフなどの)足の位置、姿勢**

the batting stance　打球の構え

語源 stand(立つ)より

類語

☆ circumstance [**サ**～カムスタァンス]「circum＝circle(周り)：stance(立つこと)→周りに立つこと→囲むこと→環境」

名 **環境・境遇**

He is in bad circumstances.　彼は貧しい生活をしている。

※ distance [**ディ**スタンス]「dis＝apart(離れて)：(s)tance(立つこと)→離れて立つこと」

名 **距離**

the distance of Mars from the earth　地球から火星までの距離

☆ distant [**ディ**スタント]

形 **遠い・離れた**

The town is ten miles distant from Tokyo.
その町は東京から10マイル離れている。

☆ instance [**イ**ンスタンス]「in＝near(近くに)：stance(立つもの)→実例」

名 **例・実例**

for instance　例えば

☆ instant [**イ**ンスタント]

（形） すぐの・即座の

instant coffee　インスタントコーヒー

└─☆ instantly［インスタントリ］

（副） 直ちに

Come here instantly.　すぐここに来なさい。

（接） ～するとすぐ

Instantly I arrived in Paris, I went to the Louvre.　私はパリに着くとすぐにルーブル博物館に行った。

☆ substance［サブスタンス］「sub＝under（下に）：stance（立つもの）→すべての根底となるもの」

（名） 物質、本質・実質、要旨

chemical substances　化学的物質

Substance is more important than form.
　実質（内容）は形式より重要である。

the substance of his speech　彼の演説の要旨

└─☆ substantial［サブスタァンシャル］

（形） 本質的な、内容のある・たくさんの

a substantial difference　本質的な相違

a substantial meal　たっぷりした食事

---

063 リバイバル（ソング）── 古い音楽で再び歌われるようになったもの

リバイバルは「復活・復興」、リバイブは「生き返る」である。サーバイブとなれば「生き残る」、サバイバルは「生き残り」だ。サバイバルゲーム、サバイバルナイフなどと使われている。さらに言えばビビッドも大切な言葉だ。「ビビッドにやれ」などと激励された人も少なくないだろう。

★revival［リヴァイヴァル］

(名) 復活・復興、再上演・リバイバル

the Revival of Learning　文芸復興

└─ ★ revive [リヴァイヴ]

　　(他動・自動) 生き返らせる・復活させる

　　revive a memory　記憶を新たにする

(語源) re＝again（ふたたび）：vive＝live（生きる）

(類語)

★ survive [サヴァイヴ]「sur＝beyond（越えて）：vive（生きる）→生きのびる」

　　(他動・自動) 生き残る、長生きする

My house survived the earthquake.

　私の家は地震にも無事であった。

She survived her husband by ten years.

　彼女は夫より10年長生きした。

└─ ★ survival [サヴァイヴァル]

　　　(名) 生き残り

　　　the survival of the fittest　適者生存

★ vivid [ヴィヴィッド]

　　(形) 生き生きとした、あざやかな

a vivid young man　生気あふれる青年

vivid green　あざやかな緑色

---

064 コマーシャル（ソング）── 広告宣伝用の歌 (和英)

コマーシャルは「商業の・営利的な」だ。コマースは「商業」、マーチャントとなれば「商人」である。史上名高いマーカンティリズム（重商主義）もおまけに付けておこう。

☆ commercial [コマ〜シャル]

形 商業の、営利的な、(ラジオ・テレビなどの)**広告放送の**

a commercial company　商事会社

from a commercial point of view　営利的な観点から

a commercial message　(テレビなどの)広告・CM

名 商業(広告)放送

└─ ☆commerce [**カ**マ～ス]

名 商業・通商・貿易

commerce between two countries　2国間の通商

語源 com(ともに)：**merce**＝trade(売買する)

類語

※merchant [**マ**～チャント]

名 商人・貿易商

His father is a merchant.　彼の父親は貿易商である。

└─ ★merchandise [**マ**～チャンダイズ]

名 商品

No merchandise can be returned.

　返品お断わり(掲示の文句)

自動・他動 売買する

mercantile [**マ**～カンティール]

形 商業の、重商主義の

mercantile law　商法

└─ mercantilism [**マ**～カンティリズム]

名 重商主義・マーカンティリズム

---

065 インストルメンタル ── 器楽曲。特に歌なしで演奏されるポップス系統の曲を
　　　　　指すことが多い

インストルメンタルは「器具の・楽器の・役に立つ」だ。語源のスト

ラクトは「築く」の意で、インストラクター (教師)、ゼネコンでおなじみのコンストラクター (建設者)、野球で使われるオブストラクション (妨害・走塁妨害) など重要な言葉につながっている。ついでにインストラクションの反対語、デストラクション (破壊) もつけておこう。この動詞形、ディストロイ (破壊する) も結構大切な言葉で、古いプロレスファンならデストロイヤーはなつかしい人である。

instrumental [インストルメントル]

形 手段になる・役に立つ、器具の・楽器の

be instrumental to the purpose　その目的に役立つ

instrumental music　器楽

──☆ instrument [インストルメント]

名 器具・器械、楽器

optical instruments　光学機器

wind instruments　管楽器

語源 struct (築く) より、建築に必要なものの意

類語

☆ structure [ストラクチャ]「struct (築く)：ure＝名詞語尾→構造」

名 構造、建物

the structure of society　社会構造

the oldest structure in Japan　日本最古の建物

☆ instruct [インストラクト]「in＝in, upon (中に)：struct (築く)→人の心に中に知識を築く→教える」

他動 教える、指図する

He instructs us in Latin.　彼は私達にラテン語を教える。

He instructed us to lock the gate.

彼は私達に門の錠をかけるよう命じた。

──☆ instruction [インストラクション]

名 教授・指導、(〜 s) 指図

give instruction in English　英語を教授する

give full instructions　詳細な指図をする

── ★ **instructor** ［インスト**ラ**クタ］

名 教師

an instructor in history　歴史の教師

☆ **construct** ［コンスト**ラ**クト］「con（共に）：struct（建てる）→組み立てる」

他動 組み立てる・建築する、構成する

construct a building　ビルを建てる

construct a theory　理論を構成する

── ☆ **construction** ［コンスト**ラ**クション］

名 建設、構造・構造物

The building is under construction.

そのビルは建築中です。

a building of very solid construction

とてもがんじょうな造りのビル

── ☆ **constructor** ［コンスト**ラ**クタ］

名 建設者、建造者

☆ **destruction** ［デスト**ラ**クション］「de＝down（反対）：struction（建設）→破壊」

名 破壊

the destruction of a town by an earthquake

地震による町の破壊

── ★ **destructive** ［デスト**ラ**クティヴ］

形 破壊的な・有害な

destructive storms　破壊的な暴風雨

── ☆ **destroy** ［デスト**ロ**イ］

他動 破壊する・滅ぼす

The enemy destroyed the town.　敵軍が町を破壊した。

★ **obstruct** ［オブスト**ラ**クト］「（ob＝against（邪魔して）：struct＝build（建てる）→邪魔になるように建てる→妨害する」

他動 妨害する・邪魔する

The truck obstructed the traffic.　トラックが交通を邪魔した。

└─ ★ **obstruction** [オブストラクション]

　　　名 妨害・障害

　　　a policy of obstruction　妨害政策

---

066 トリビュート（盤）── 功績のある歌手、グループを称賛するために製作された
　　　　　　　　　　　アルバム

トリビュートは「貢ぎ物・捧げもの」だ。コントリビュートなれば「寄付する」、ディストリビュートとなれば「分配する」である。自動車などのディストリビューター（分電盤）を知る人もいよう。さらに、トリビューンとなれば、史上名高い古代ローマの護民官で、新聞社の名前などによく使われている。

☆ **tribute** [トゥリビュート]

　　名 貢ぎ物

語源 tribu（与える）より

類語

☆ **contribute** [カントゥリビュート]「con（全く）：tribute（与える）」

　　自動 寄付する・与える・寄稿する

　　contribute a lot of money to a college

　　　大学に多額の寄付をする

　└─ ☆ **contribution** [カントゥラビューション]

　　　　名 寄付・寄付金・貢献

　└─ ☆ **contributor** [カントゥリビュタ]

　　　　名 寄付者・寄稿家

☆ **distribute** [ディストゥリビュート]「dis（別々に）：tribute（与える）」

　　他動 分配する

distribute pamphlets among those present

出席者にパンフレットを配布する

─── ☆ **distributor** [ディスト**リ**ビュタ]

名 **分配者・配達者・分電器・ディストリビューター**

─── ☆ **distribution** [ディストゥリ**ビュー**シャン]

名 **分配**

☆ **attribute** [アチュ**リ**ビュート]「at(〜へ)：tribute(与える)→〜に帰する・〜

のせいにする、属性・特性」

他動 **〜に帰する・〜のせいにする**

He attributed his failure to bad luck.

名 **属性・特性**

Mercy is an attribute of God.　慈悲は神の属性である。

─── ☆ **tribe** [トゥ**ライ**ブ]

名 **部族・種族**

─── **tribune** [トゥ**リ**ビューン]

名 **護民官・**(新聞など)**人民の権利を守るもの**

the Chicago Tribune　シカゴトリビューン紙

4　歌手・楽団など

067 シンガー — 歌手

> シンガーは「歌手」、シングは「歌う」、ソングは「歌」だ。シンガーソングライターは自分で作曲した歌を歌う歌手である。160年以上の歴史を持つミシンの名機、シンガーミシンはまさに歌うように動くのだろう。

※ singer［スィンガ］

> 形 歌手・シンガー・歌う人

> She is a good singer.　彼女は歌がうまい。

　※ sing［スィング］

> 自動・他動 （sang, sung）歌う、鳴く

> He sang to the guitar.　彼はギターに合わせて歌った。

> The birds are singing merrily.

> 小鳥たちは楽しそうにさえずっている。

　　※ song［ソング］

> 名 歌、鳴き声

> a popular song　流行歌

> the song of the birds　鳥のさえずり

068 ソロ（シンガー）— 独唱歌手

> ソロは「独奏・独唱」。ソールは「ただ一つの」、ソリチュードは「孤独」だ。少し古いが、中森明菜のヒット曲、「ソリチュード」（孤独）は分かりやすい用例だろう。デソリットとなれば「荒れ果てた、さびしい」である。

solo［ソウロウ］

名 (音楽)独奏・独唱

語源 sol＝one(一つ)、alone(一人ぼっちの)より

類語

★ sole [ソウル]

形 ただ一つの、単独の

one's sole son　ひとり息子

the sole right　独占権

── ★ solely [ソウルリ]

副 単独で、全く

He went solely on his way.　彼はひとりで行った。

solely because of you　全くあなただけの故に

── ★ solitude [サリテュード]

名 孤独

live in solitude　独りで暮らす

── ★ solitary [サリテリ]

形 一人の、孤独な

a solitary trip　ひとり旅

feel solitary　さびしく思う

★ desolate [デサリット]「de(強意)：sol(一人)：ate＝動詞・形容詞語尾→さびしい、さびしくする」

形 荒れ果てた、さびしい

desolate land　荒れ果てた土地

a desolate life　さびしい生活

他動 荒廃させる、さびしくする

── soloist [ソウロウイスト]

名 独奏(唱)者・ソリスト

82

069 アイドル（歌手） ― 偶像視されている人気歌手

アイドルは「偶像・崇拝される人」だ。最近はやたらにアイドルが
でてくるが、この元祖として山口百恵、森昌子、桜田淳子の高三ト
リオをおまけに付けておこう。なお、言うまでもないことだが、ア
イドルは芸能人やスポーツ選手などに限るものではない。

★ idol [アイドル]

　　名 偶像・崇拝される人（物）

That singer is the idol of the teenagers.

　あの歌手はティーンエイジャーたちのアイドルだ。

make an idol of 　～を崇拝する

　　idolater [アイダラタ]

　　　名 偶像崇拝者・崇拝者

070 プリマドンナ ― オペラなどの主役の女性歌手。転じて超一流の女性歌手をも
　　　　　　　　　　さす。元はイタリア語

プリマドンナはオペラなどの主役の女性歌手。プリマは「第一の」
の意だ。プライム（第一の）、プライマリー（第一の・初歩の）、プ
リンシプル（原理）、プリミティブ（原始的な）、プレミア（第一の・
首相）、プリンスなどにつながっている。「プリマハム」、「プレミア
リーグ」（英国サッカーリーグ）のファンが多いのも当然だろう。

　prima [プライマ]

　　形 第一の・主要な

語源 prim(prin)＝first(第一の)より

類語

☆ prime [プライム]

形 第一の・最初の、主要な

a prime reason　第一の理由

the Prime Minister　総理大臣

名 最盛期

Apples are just now in their prime.　りんごは今がちょうど盛りだ。

☆ **primary** [プライメリ]

形 第一の・主な、初歩の・根本の

one's primary goals in life　人生の主要目的

primary education　初等教育

the primary meaning of a word　ことばの基本的意味

☆ **primitive** [プリミティヴ]

形 原始の・原始的な

primitive ages　原始時代

primitive tools　原始的な道具

☆ **prince** [プリンス]「王の次に第一の場所を占める者の意」

名 王子

as happy as a prince　きわめて幸福な

☆ **principal** [プリンスィパル]

形 主要な・第一の

the principal industries　主要産業

名 校長

☆ **principle** [プリンスィプル]

名 原理・(通例～ s)主義

the principle of Archimedes　アルキメデスの原理

It's against my principles.　それは私の主義に反する。

★ **premier** [プリーミア]「prem-prim」

名 首相・総理大臣

形 第一の・首位の

Donna [ダーナ]

名 イタリアの婦人、(D～)様（イタリアで既婚婦人につけるもので、Lady、Madam に相当する）

071 ボーカル ― 声楽、演奏の際、声を使った表現を担当するメンバー

> ボーカルは「声の、母音」の意だ。ボォイス（声）、ボキャブラリー（語彙）、ボケイション（天職）にもつながっているが、ことにボケイションはコンセプトとして重要といえるだろう。

★ vocal [ヴォウカル]

　形 声の・音声の

　a vocal message　口答伝達

　名 母音、声楽部・ボーカル

語源 voc＝voice（声）、call（呼ぶ）：al＝形容詞・名詞語尾

類語

★ vocabulary [ヴォキャビュレリ]「voc（呼ぶ）：abul(able)：ary＝名詞語尾（～する人・物）」

　名 語い・用語

　He has a large vocabulary.　彼は語いが多い。

　vocation [ヴォウケイション]「voc（呼ぶ）：ation＝名詞語尾→神が呼ぶこと、天から与えられる職」

　名 職業・天職、適性・才能

　change one's vocation　職業を変える

　have no vocation for　～に向いていない

★ provoke [プロヴォウク]「pro＝forte（前へ）：voke（呼ぶ）→（感情を）呼び出す」

　他動 怒らせる、挑発する

　Don't provoke the dog.　その犬を怒らせるな。

　provoke a war　戦争を挑発する

evoke [イヴォウク]「e=out(外へ)：voke(呼ぶ)：ate(動詞語尾)→呼びおこす」

他動 (感情・霊などを)**呼び起こす**

His good joke evoked a laugh.　彼のうまい冗談が笑いを誘った。

★ advocate [アドヴォケイト]「ad(〜に)：voc(呼ぶ)：ate(動詞語尾)→呼びかける」

他動 主張する

advocate a reform　改革を主張する

名 主張者・唱道者

an advocate of peace　平和の唱道者

※ voice [ヴォイス]

名 声・音声、意見・希望

in a gentle voice　やさしい声で

His voice was for the plan.　彼の意見はその計画に賛成だった。

vocalist [ヴォウカリスト]

名 声楽家・歌手

---

072 デュエット ― 二重唱(奏)

デュエットは「二重唱(奏)」。デュアルとなると「二重の」で、上村愛子選手の活躍で一躍注目を集めるようになったデュアルモーグル(フリースタイルスキー)はわかりやすい用例だろう。そういえばテニスのデュースもある。

duet [デューエット]

名 二重唱(奏)・デュエット、二重唱

語源 du(de)-twoより
類語

dual [デューアル]

形 二つの、二重の

a dual personality　二重人格

└── dualism [デュアリズム]

名 二元論

duplicate [デュープリケット] 「du＝two：plicate＝fold（折り連なる）→ 二つに重ねる」

形 二重の、複製の

a duplicate copy　複本、写し

名 複製・写し

make a duplicate of a key　合いかぎをつくる

他動 複製する

duel [デューアル]

名 （二者間、二党間の）戦い・決闘

a duel of wits　知恵くらべ

自動 決闘する

deuce [デュース]

名 （トランプの）2の札・（さいの）2の目、（トランプ・さいの目の）2点、（テニス・卓球などの）デュース

---

073 ソプラノ ― 女声高音域。元はイタリア語

ソプラノは「最高音部」、「上の方の」の意のスープラ・スーパーに由来する。スーパーマン、スーパーマーケットは大変わかり易い用例だろう。シュペリアーとなれば「優れた」、シュープリームとなれば「最高の」である。かなり古いが八神純子のヒット曲「ラブシュープリーム～至上の愛～」を用例としてつけておこう。

soprano [ソプラァノ]

名 婦人・子供の最高音部、ソプラノ歌手

語源 sopra(**supra**)＝above(上の方)、highest(最高の)より

類語

☆ superior [スピーリア]「higher の意」

　形 すぐれた、上級の(上位の)

This cloth is superior to that.　この生地はあの生地よりも上等だ。

a superior court　上級裁判所

　名 すぐれた人、目上の人

As a violinist, he as no superior.

　バイオリニストとして彼の右へ出る者はいない。

a superior in age　年上の人

──★ superiority [スピーリオーリティ]

　　　　名 優越(位)

　　　　a sense of superiority　優越感

☆ supreme [スプリーム]「highest の意」

　形 (地位などが)**最高の、この上ない・極度の**

the Supreme Court　最高裁判所 ㊕

supreme love　至上の愛

☆ superlative [スパ～ラティヴ]

　形 最高の・(文法)最上級の

the superlative degree　最上級

　名 (文法)最上級・最上級の言葉

speak in superlatives　大げさに話す

---

074 アルト ── **女声低音域。元はイタリア語**

アルトは「女性の最低音部、男性の最高音部」、原義はテノールより音域が「高い」である。アルトサックスは説明の要もないだろう。ア

ルティテュードとなれば「高度」である。

alto [アルトウ]

　名 女性の最低音（部）・男性の最高音（部）、アルト歌手（楽器）

語源 alt＝high（高い）より

類語

★altitude [アルティテュード]「alt（高い）：itude＝名詞語尾」

　名 高度・標高

　an altitude flight　高度飛行

altar [オールタ]「高所にあるもの」

　名 祭壇

　lead a woman to the alter　女性と結婚する 口

exalt [イグゾールト]「ex＝out, up：alt（高い）→高くする」

　他動 （人の身分・地位・品位を）高める・ほめたたえる

　be exalted to the position of Prime Minister

　　首相の地位に進む

　exalt a person to the skies　人をほめそやす

---

075 テノール ── 男性高音域。明るく澄んだ音色をもち、男声の主役的存在。元はドイツ語

テノールは「男性高音部」、原義は主旋律を「保持する」で、意外やテナント（借家人）につながっている。いうまでもなく、テナーサックスもある。

tenor [テナ]

　名 テナー・テノール、テナー歌手・テノール歌手

語源 ten＝hold（保つ）より、tenorは主旋律を保持する声部の意
類語

★tenor［テナ］「同上テノールより」

　　名 方針・行路

　　the tenor of his life　彼の人生行路

★tenant［テナント］「保っている人の意」

　　名 借家（地）人・テナント

　　a tenant right　借地権・小作権

tenacious［ティネイシャス］「しっかり保つの意」

　　形 粘り強い、あくまで固守する

　　a tenacious salesman　しつっこいセールスマン

　　He is tenacious of his way.　彼は自分のやり方をあくまで固執する。

tenure［テニュア］「ten（保つ）：ure＝名詞語尾」

　　名 保有、任期

　　one's tenure of life　寿命

　　during one's tenure of office　在職中

---

076 バリトン ― 男性中声域で、音色は明るく重厚。元はドイツ語

バリトンは明るく重厚な「男性中声域」、元ドイツ語で、原義は「重いトーン」。胃の検査にもちいられる重金属、バリウムにつながっているとはチョット気が付くまい。

baritone, bary-［バァリトウン］

　　名 バリトン、バリトン歌手

語源 bary＝heavy（重い）：tone（音、調子）
類語

barite［ベアライト］、barytes［バライティーズ］

名 重晶石

barium [ベアリアム]

　名 バリウム（金属元素の1つ）

---

077 バス ── 男声低音域。元はドイツ語

バスは「男性低音域」、原義は「低い」で、ベース（土台・基礎・塁）、ベーシック（基礎の）、ベースメント（地下室）などにつながっている。エアベースとなれば空軍基地である。

bass [ベイス]

　名 バス・男声低音部、低音歌手（楽器）

語源 bas＝low（低い）より

類語

☆ base [ベイス]

　名 土台・ふもと、基礎・根拠、基地・塁、底辺

the base of a mountain　山のふもと

the base of needed reform　必要とされる改革の根拠

an air base　空軍基地

BC is the base of the triangle ABC.

　BCは三角形ABCの底辺である。

── ☆ basic [ベイスィック]

　　　形 基礎の・根本的な

　　　basic data　基礎資料

── ☆ basis [ベイスィス]

　　　名 基礎・根拠

　　　on the basis on　～に基づいて

──　base [ベイス]「土台→人が歩く所→地面→卑しい」

　　　　形 卑しい・下劣な

　　　　a base coin　悪質な貨幣、にせ金

── ★ basement [ベイスメント]

　　　　名 地下室、地階

── ※ baseball [ベイスボール]

　　　　名 野球・野球用のボール

　　　　play baseball　野球をする

---

078 トリオ ── 三重奏団（三重唱団も同じ）

トリオは「三重奏（唱）・三人組」、トリプル（三倍）、トライアングル（三角形）につながっている。やや難しいが、トリニティ（三位一体）となればキリスト教の基本的な教義で、教育機関の名前にもよく使われている。おまけとして、カルテット（四重奏団）、セプテット（七重奏団）に触れておこう。前者はクォーター（4分の1、15分）、後者はセプテンバー（9月）につながっている。

trio [トゥリーオウ]

　　名 三重奏（唱）・三重奏団・トリオ、三つ組・三人組

語源 tri＝three（3）：ple＝fold（重ねる）

類語

triple [トゥリプル]

　　形 三倍の、三重の

　　a triple price　三倍の値段

　　a triple window　三重窓

★ triangle [トゥライアングル]「tri（3）：angle（角）」

　　名 三角形、三角定規、三人組、（音楽）トライアングル

── 　　triangular [トゥライアンギュラー]

形 三角(形)の、三者間の

　　　a triangular treaty　三国条約

trinity [トゥリニティ]

　　　名 (the T～)三位一体(キリスト教で、父なる神と子なるキリストと聖霊とが形式は三つであるが、その実態は一体であるとすること)

---

quartet-tette [クウォーテット]

　　名 四重奏(唱)・カルテット

　　※ quarter [クウォータ]

　　　　名 4分の1・15分・1年の4分の1

　　　　quarterly [クウォータリ]

　　　　　形 年4回の、四季の

　　　　　make quarterly payments
　　　　　年4回に分けて支払いをする

　　　　　副 年4回に、四季に

　　　　　名 季刊雑誌(年4回発行)・クォータリー

septet [セプテット]

　　名 七重奏(唱)・七重奏(唱)団、7人組・7個一組

　　※ September [セプテンバ]

　　　名 9月(古代ローマの年初である3月より数えて7番めの月)

---

079 コンボ ── 小人数編成のジャズバンド。一般に3人から8人位までの編成。コンビネーションの口語

コンボは「コンビネーション(結合)」の省略形、コンバインは「結合する」だ。刈り取りと脱穀が同時にできる農機具、コンバインを知っている人は少なくないだろう。

combo [カンボウ]

　　名 小編成のジャズバンド・コンボ

☆ combination [カンビ**ネ**イション]

名 結合・連合・組み合わせ

several combinations of letters

いくつかの文字の組み合わせ

└── ☆ combine [コン**バ**イン]

他動・自動 結合させる・化合させる

combine two companies　二つの会社を合併する

名 （企業などの）**合併・合同、コンバイン（刈り取りと脱穀が同時に出来る農機具）**

080 （グループ）サウンズ ── エレクトリックギターなどの電気楽器を中心とした少人数の歌謡バンド（和製英語）

サウンドは「音、音がする」が基本であるが、「（〜のように）聞える・思える」の意味でよく使われることに注意しよう。かなり古いが、ミュージカル映画の傑作、「サウンド・オブ・ミュージック」を用例として付けておこう。

※ sound [サウンド]

名 音、（音楽）サウンド（土地やグループに特有の音やリズム）

Sound travels slower than light.　音は光より伝わるのがおそい。

the Liverpool sound　（ビートルズなどの）リバプールサウンド

自動・他動 音がする、（〜のように）**聞える・思える**

The bell sounded.　ベルが鳴った。

That sounds interesting.　おもしろそうですね。

└── sound track [サウンドトゥ**ラ**ァック]

名 サウンドトラック（映画フィルムの録音帯）

バンドは「ひも、団、隊」の意だ。バインドとなれば「縛る」で、若い人がよく使うバインダー、ボクシングなどで使われるバンデージ（包帯）、接着剤や債券として使われるボンドにつながっている。

※ **band** [バァンド]

名 ひも、一隊・団、楽団・バンド

a hair band　ヘアバンド

a band of visitors　見物人

a brass band　ブラスバンド

他動・自動 団結させる、ひもでしばる

band people together　人々を結合する

語源 bind（しばる）より

類語

☆ **bind** [バインド]

他動・自動 （bound, bound）縛る、結びつける

They bound him to a pole.　彼らは彼を柱に縛りつけた。

Friendship bound them together.　友情が彼らを結びつけた。

be bound to do　必ず~する、~する義務がある

── binding [バインディング]

名 （本の）表紙・装丁

leather binding　皮の装丁

── binder [バインダ]

名 くくる物（人）・バインダー、接合剤

☆ **bond** [バンド]

名 きづな、（通例~ s）束縛、（借用）証書・債券、接着剤・ボンド

a bond of friendship　友情のきずな

break the bonds　束縛を破る

a public bond　公債

他動 接着（接合）する

── bondage ［バンデッヂ］

名 束縛、奴隷の身分

── bondsman ［バンズマン］

名 奴隷、保証人

── ★ bandage ［バァンデッヂ］

名 包帯

082 フィルハーモニー（オーケストラ）── 管弦楽団に多い名前

フィルハーモニーは、「愛する」の意のフィルとハーモニーが結び
ついたもので、交響楽団の名前としてよく用いられている。英語で
はフィルハーモニック（音楽愛好家の）となる。すこし難解だが、
この「愛する」につながる言葉として、フィロソフィ（哲学）、フィラ
ンソロフィ（慈善）を挙げておこう。

philharmonic ［フィルハーモニック］

形 音楽愛好者の

the Philharmonic Society of New York　ニューヨーク音楽協会

語源 phil（愛好の）：harmony（和音、調和）

類語

☆ philosophy ［フィラソフィ］「philo（愛好する）：sophy（知恵）→知恵を愛好
すること」

名 哲学

the philosophy of Hegel　ヘーゲルの哲学

── ★ philosopher ［フィラソファ］

名 哲学者

philanthropy [フィラァンソロフィ]「phi(愛好の)：anthropy＝anthropos（人間)」

> 名 博愛・慈善・フィランソロフィ

083 ストリングス ── 弦楽器、弦楽器を中心とした楽団

> ストリングは「糸・紐・弦」だ。意外にもストロング（強い）につながっている。最新の先端技術でも「クモの糸」が、強度が強い素材として注目されている。

☆ string [ストリング]

> 名 糸・ひも、(弓の)つる・(弦楽器の)弦
>
> nylon string　ナイロンのひも
>
> a G string　(バイオリンなどの)G線
>
> 他動・自動 (strung,strung)糸を通す、弦を張る
>
> string beads　ビーズに糸を通す
>
> string a tennis racket　テニスラケットにガットを張る

語源 strong(強い)より

類語

※ strong [ストローング]

> 形 強い、得意な
>
> a strong will　強い意志
>
> I am strong in mathematics.　私は数学が得意だ。

☆ strength [ストレンクス]

> 名 強さ・力、強み・頼り(となるもの)
>
> the strength of will　意志の強さ
>
> God is our strength.　神は我らの力なり。

★ strengthen [ストレンクスン]

（他動）強くする

strengthen one's body　体を丈夫にする

stringy［ストリンギ］
（形）すじの多い

stringy meat　すじの多い肉

084 コンダクター ── 指揮者

コンダクターは「指揮者・案内者・伝導体」。コンダクトは「導く」で、送風菅のダクトにつながっている。セミコンダクターとなればおなじみの「半導体」である。半導体関連の有力企業、ジャパンセミコンダクターをご案内の向きもあろう。ついでに言えば、セミは「半分」の意で、セミファイナル（準決勝）、セミコロンなどと使われている。

★conductor［コンダクタ］
（名）指揮者・案内者、(電車・バスの)車掌、伝導体

a good electric conductor　電気の良導体

☆conduct［カンダクト］
（名）行動、指揮・運営

manly conduct　男らしい行い

the conduct of a company　会社の運営

（他動・自動）案内する・導く、指揮(運営)する、ふるまう

conduct a guest to a seat　客を席に案内する

conduct a business　事業を経営する

He conduct himself well.　彼は立派にふるまった。

語源 con＝together（共に）：**duct**＝lead（導く）→共に導く
類語

duct [ダクト]

名 管・送水(風)管・ダクト

★ deduct [ディダクト]「de＝from(〜から)：duct(導く)→導き去る」

他動 差し引く・控除する

deduct 10% from salary　月給から10パーセント控除する

── ★ deduction [ディダクション]

名 差し引き・控除

make a deduction　値引する

☆ educate [エヂュケイト]「e＝out：ducate＝duct(導く)→導き出す」

他動 教育する

educate children　児童を教育する

── ※ education [エヂュケイション]

名 教育

school education　学校教育

5 演奏会・レコードなど

085 リサイタル ── 独奏会、独唱会

リサイタルは「独奏・独唱会」、リサイトは「朗読する・暗唱する」である。エキサイトとなれば「興奮・興奮させる」だ。サイテーションとなれば「感状・表彰状・引用」だ。飛行機マニアならば、セスナ社の小型ビジネス機、「サイテーション」を知っていよう。要するに表彰ものの機体なのである。

★ recital [リサイタル]

  名 リサイタル・独奏、朗読

  a piano recital　ピアノ独奏会

  the recital of Hamlet　ハムレットの朗読

  ★ recite [リサイト]

    他動 暗唱する、朗読する・物語る

    recite a poem　詩を朗読する（暗唱する）

    recite one's adventures　冒険談をする

語源 re＝again（再び）：cite（呼ぶ）→復唱する

類語

★ cite [サイト]「cite（呼んで来る）」

  他動 （文章などを）引用する

  cite the Bible　聖書を引用する

  citation [サイティション]

    名 引用・引用文、感（謝）状・表彰状

    a Presidential citation　大統領感状

※ excite [エクサイト]「ex＝out（外に）：cite＝call（呼ぶ）→感情を呼び出す」

  他動 興奮させる、刺激する

  Don't excite yourself.　落ち着きなさい。

She excited him to anger.　彼女は彼を怒らせた。

── ☆ **excitement** [エク**サイト**メント]

名 興奮・興奮させる物

── ★ **exciting** [エク**サイ**ティング]

形 興奮させる・わくわくさせる

an exciting game　はらはらする試合

incite [イン**サイト**]「in＝on(上に)：cite(呼ぶ)→呼びかける、うながす」

他動 刺激する・扇動する

He incited them to work hard.

彼は彼らを励まして一生懸命働かせた。

── **recitation** [レス**ィティ**ション]

名 朗読、暗唱

086 チャリティ(コンサート) ── 慈善演奏会

チャリティは「慈善」だ。コンサートだけでなく、近年、ゴルフやマラソンなどの大会にも冠せられている。チェリッシュとなれば「大事にする」となる。「てんとう虫のサンバ」などの大ヒットで知られるデュエット、チェリッシュを想起する人もいよう。ついでだから、ここで最近流行のガラコンサートについて一言。ガラは「お祭り・祝祭」である。

★ **charity** [**チャ**リティ]

名 慈悲・慈善、寄付・(～ies)慈善事業

Charity begins at home.　愛はわが家より始まる。《諺》

charity for the poor　貧しいものへのほどこし

語源 char-dear(いとしい)
類語

★ cherish [チェリッシュ]

　　(他) 大事にする・かわいがる、胸にいだく

　　cherish one's child　子供をかわいがる

gala [ゲイラ]

　　(名) お祭り・祝祭

　　a gala dress　晴れ着

087 レパートリー ── 演奏(唱)できる曲目、曲目表

レパートリーは「倉庫・宝庫」だ。一般的に「料理のレパートリーが広い」などと使われる。

repertory [レパトーリ]

　　(名) 倉庫・(知識の)宝庫、演奏(唱)曲目・レパートリ

　　a repertory of useful information　有益な知識の宝庫(百科辞典等)

088 (ヒット)チャート ── おもにポピュラー音楽で、ヒット曲の順位

チャートは「海図・図表」。乗り物などを貸し切りにするチャーター(憲章・免許・特権)、史上名高い英国の「チャーチスト運動」にもつながっている。

★ chart [チャート]

　　(名) 海図、図表、(レコードなどの)売上順位表

　　a weather chart　天気図

　　(他動) 海図(図表)をつくる

語源 chart＝card(小さな紙片)
類語

★ charter [チャータ]「紙に書かれているの意」

　　名 憲章、免許(状)・特許(状)・特権、(バス・船・飛行機などの)貸し切り・
　　チャーター

　　the Charter of the United Nations　国際連合憲章

　　a charter flight　貸し切り飛行

　　他動 (乗物を)借り切る・チャーターする

　　charter a bus　バスを借り切る

　　　── Chartist Movement [チャーティストムーヴメント]

　　　　　名 チャーティスト運動。1840年ごろ英国に起こった労者働階級
　　　　　を中心とした急進的政治運動で、6箇条からなる

---

089 (カバー)バージョン ── すでに一度録音・発売された曲を別の形で演奏し直し
　　　　　　　　　　　　たり、収録し直したりした曲

バージョンは「翻訳・〜版・変形」の意だ。「転じる」が原義で、ユニ
バース(宇宙)、ユニバーシティ(大学)、登山のトラバース(横断)、
リバース(逆の)などつながる言葉が多い。最近、ことに注目されて
いるダイバーシティ(多様性)も同じである。ソフトなどのバージョ
ンアップ、服装のリバーシブルなどは分かりやすい用例だろう。

☆ version [ヴァ〜ジョン]

　　名 翻訳・訳文、説明・意見、(あるものの)変形・〜版

　　a new version of the Bible　聖書の新訳

　　my version of the affair　その事件についての私の意見

　　a stage version of a novel　小説を劇化したもの

　　── ☆ verse [ヴァ〜ス]

　　　　　名 詩・韻文、詩の1行(節)

　　　　　a verse drama　詩劇

　　　　　the first verse of this poem　この詩の第1行(節)

語源 verse＝turn（転じる、向く）より、ひねられたもの（の言い方）

類語

☆universe [**ユ**ーニヴァ～ス]「uni＝one：verse＝turned→1つにされた ものから」

名 宇宙、全世界

The earth is a part of the universe. 地球は宇宙の一部である。

☆universal [ユーニ**ヴァ**～サル]

形 宇宙の・全世界の、普遍的な

universal gravity 万有引力

universal rules 一般法則

※university [ユーニ**ヴァ**～スィティ]「uni＝one：verse＝turned： ity＝名詞語尾→1つにまとまったもの」

名 総合大学・大学

★reverse [リ**ヴァ**～ス]「re＝back（後へ）：verse＝turn（向ける）→後へ曲 がる、もどる」

他動・自動 逆にする・逆転させる

reverse the tape （録音）テープを裏返す

名 逆、裏

The reverse is also true. その逆もまた真実だ。

See reverse. 裏面を見なさい。

形 逆の、裏の

in reverse order 逆順で

the reverse side of this page ページの裏面

reversible [リ**ヴァ**～サブル]

形 逆にできる

a reversible windbreaker 裏表使えるウインドブレーカー

reversal [リ**ヴァ**～サル]

名 逆転

a reversal of wind　風向きの急変

★traverse [トラ**ヴァ**～ス]「tra＝across(越えて) verse＝turn(転じる、向く)→横切る」

他動・自動 横切る

traverse the desert　砂漠を横断する

名 横断、(登山)トラバース

diverse [ダイ**ヴァ**～ス]「di(ちがった、いろいろな)：verse＝turn(向く)→種々の」

形 種々の・別種の

The wild life in Africa is extremely diverse.

アフリカの野生動物は極めて多様である。

diversity [ディ**ヴァ**～スィティ]

名 多様性

diversify [ディ**ヴァ**～スィファイ]

他動 多様化する

diversify one's business　事業を多角化する

adverse [アド**ヴァ**～ス]「ad＝to(反対に)：verse＝turned→逆の」

形 逆の

an adverse wind　逆風

converse [コン**ヴァ**～ス]「con＝together(ともに)：verse＝turn(向ける)→話す、交わる」

自動 対談する

※conversation [カンバ**セ**イション]

名 会話

perverse [パァ**ヴァ**～ス]「per＝thoroughly(ひどく)：verse＝turned(曲がった)→ひねくれた」

形 つむじ曲がりの・ひねくれた

a perverse child　ひねくれた子

★versed [**ヴァ**～スト]

形 熟達した・精通した

He is versed in art history.　彼は美術史に精通している。

versatile [**ヴァ**〜サティル]

形 **多才な**

a versatile actor　多芸な俳優

090 リリース ―― 新曲の発売開始

リリースは「放つ」で、野球ファンなら投手のリリース（球を手放すこと）を知っていよう。プレスリリース（新聞発表）などと一般的に用いられているが、リラックスとなると「ゆるみ・くつろぎ」になる。最近はやりのリラクゼーションにはまっている人も少なくないだろう。

☆ **release** [リリース]

他動 （矢などを）**放つ**・（人などを）**開放する**

He released an arrow.　彼は矢を放った。

She released the bird from the cage.

　彼女は鳥かごから鳥を逃がした。

名 **開放・解除、（ニュースなどの）発表**

a feeling of release　開放感

a press release　新聞発表・プレスリリース

語源 re＝again：**lease**（lax＝loose（ゆるい））

類語

lax [ラ**アッ**クス]

形 **ゆるんだ、だらしのない**

He is lax in his duty.　彼は職務をきちんと果たさない。

relax [リ**ラッ**クス]

他動 **ゆるめる、くつろがせる**

He relaxed his grip.　彼はつかんでいた手を緩めた。

He relaxed himself.　彼はくつろいでいた。

relaxation [リラクァクゼーション]

名 緩和、くつろぎ・休養

091 インディーズ ── インディペンデント・レーベルの略で、メジャー（大手）に属し
ていない、独立性の高い製作会社による楽曲盤

インディペンデントは「独立の・自立している」だ。この反対のディ
ペンデントは「頼っている」、ディペンドは「頼る・依存する」だ。さ
らにこれがサスペンドとなれば「つるす・見合わせる」となる。女性
に人気のサスペンダー、野球のサスペンデッドゲーム、自動車のサ
スペンションを知っていれば理解が早い。おまけに、ペンダント、
ペンデュラム（時計の振り子）をつけておこう。

☆ independent [インディペンデント]「in-not」

形 独立の・自立している

an independent country 独立国

── ☆ dependent [ディペンデント]

形 頼っている、〜次第である

He is still dependent on his parents.

彼はまだ両親に依存している。

Our trip is dependent on the weather.

我々の旅行はお天気次第だ。

── ※ depend [ディペンド]

自動 頼る、依存する

You can depend on him. 彼は信頼できる。

We depend on other countries for oil.

我が国は石油を他の国に依存している。

語源 「de＝down（下に）：pend（かかる）→ぶらさがる→依存する」

★ suspend [サスペンド]「sus（下から）：pend＝hang（ぶらさがる、かかる）→つるす」

他動 つるす、一時中止する・見合わせる

suspend a lamp from the ceiling　大井からランプをつるす

suspend payment　支払いを一時停止する

── ★ suspense [サスペンス]

名 不安（宙ぶらりんの状態）・サスペンス、未決

in suspense　不安な思いで・未解決で

── ★ suspension [サスペンション]

名 つるすこと、中止、サスペンション（自動車の車体支持装置）

the suspension of traffic　通行止め

── suspender [サスペンダ]

名 サスペンダー・ズボンつり 米 ・靴下どめ 英

a pair of suspender　づぼんつり一組

★ expend [イクスペンド]「ex＝out：pend（かかる→秤にかける）→（金を）計って出す→金を払う」

他動 （金・時間などを）使う

expend time on　〜に時間を使う

── ☆ expense [イクスペンス]

名 支出・費用

at one's own expense　自費で

── ※ expensive [イクスペンスィヴ]

形 費用のかかる・高価な

an expensive dress　高価なドレス

── ★ expenditure [イクスペンディチュア]

名 支出・経費

a wasteful expenditure　むだづかい

── ※ spend [スペンド]

他動・自動 （spent,spent）使う・費やす

spend money　金を使う

impend [インペンド]「im＝on（上に）：pend（かかる）→上にのりかかる→差し迫る」

（自動）（危険などが）**差し迫る**

He felt that danger was impending.
　彼は危険が差し迫っていると感じた。

pending [ペンディング]「pend（かかる）：ing」

（形）**未解決の・宙ぶらりんの**

a pending question　懸案の問題

pendant [ペンダント]

（名）**ぶら下っているもの・（首飾りなどの）ペンダント**

pendulum [ペンヂュラム]

（名）**時計の振子**

append [アペンド]「ap＝to（へ）：pend（かかる）→～にかかる→付く」

（他動）**添える・付加する**

append a note to a book　本に注をつける

appendix [アペンディクス]

（名）**付録・付加物**

appendices to a dictionary　辞書の付録

6 楽器など

> オルガンは「器官・機関」だ。音を出す道具といった意味合いだろう。やや意外だが、オーガニゼーション（組織）、オーガニック（有機の）、オルグ（オルガナイザー）につながっている。

☆ organ ［オーガン］

名 器官、機関、オルガン

the organs of speech　発声器官

an organ of government　政治機関

── ☆ organize ［オーガナイズ］

他動 組織する

organize a strike　ストライキを組織する

── ☆ organization ［オーガニゼイション］

名 組織、組織化、組織体（団体、協会など）

the organization of human body　人体の組織

the organization of a new club
　新しいクラブの組織化

political organization　政治団体

organizer ［オーガナイザ］

名 組織者・オルガナイザー・オルグ

★ organic ［オーガァニック］

形 器官の・生物の、有機体の・有機の

organic life　生物

organic chemistry　有機化学

★ organism ［オーガニズム］

名 有機体・生物

a minute organism　微生物

クラリネットは「クリヤー（澄んだ・明白な）」な音に由来する。音がはっきりしていて、きれいなのだ。クリヤーは動詞として「きれいにする・かたづける」の意味があり、サッカーでよく使われている。クリアランスセールとなれば「在庫一掃」である。デクリアーとなれば「宣言する」となる。要するに「はっきり」させるのである。

clarinet［クラァリネット］

名 クラリネット

語源 clea（はっきりとした）より
類語
※clear［クリア］

他動・自動 きれいにする、片づける・取り除く、一掃する・〜を晴らす、跳び越す

clear muddy water　にごった水をきれいにする

clear the dishes from the table　テーブルから食器を片づける

clear one's mind of doubt　疑いを晴らす

clear a fence　垣（かき）を跳び越す

形 晴れた・澄んだ、明白な、開けた

a clear sky　晴れた空

It is clear that he knows that.　彼がそれを知っていることは明白だ。

a clear view　広々とした眺め

clearance［クリアランス］

名 取り片付け

a clearance sale　在庫一掃売出し・クリアランスセール

☆declare［デクレア］「de（完全に）：clare＝clear →全くはっきりさせる」

他動 宣言する、断言する・言明する

declare a strike　ストを宣言する

She declared herself (to be) right.

彼女は自分が正しいと言いきった。

└─ ★ declaration［デクラレイション］

名 宣言

a declaration of war　宣戦布告

---

094 フルート ── 木管（現在はほとんど金属）楽器の一つ。洋式横笛

フルートは、語源として「流れる」の意を持つフルーに由来する。流れるような美しい音をだすのだ。意外にもインフルエンス（影響）につながっており、さらにインフルエンザ（流行性感冒）にも変化する。フロー（流れ）、オーバーフローなども最近かなり日常的に使われている。

★ flute［フルート］

名 フルート・横笛

語源 flu＝flow（流れる）より、流れるように美しく澄んだ音を出す楽器の意

類語

★ fluent［フルーエント］「flu（流れる）：ent＝形容詞語尾」

形 なめらかな・流ちょうな

She is fluent in French.　彼女はフランス語が達者だ。

affluent［アフルエント］「af＝ad（～へ）：flu（流れる）：ent＝形容詞語尾」

形 豊富な、自由に流れ込む

an affluent society　豊かな社会

※ influence［インフルエンス］「in＝in：flu（流れる）：ence＝名詞語尾→～の中に流れ込む」

名 影響、勢力・支配力

The book had a good influence on him.

　その本は彼に良い影響を与えた。

He is a man of influence in this village. 彼はこの村の有力者だ。

他動 影響を及ぼす

We are greatly influenced by the people around us.
我々は周囲の人々に大きく影響される。

──★ influenza［インフルエンザ］

名 流行性感冒・インフルエンザ、影響されたものの意

influx［インフラクス］

名 流入・殺到

an influx of customers 顧客の殺到

superfluous［スパ〜フルアス］「super＝over（上に）：flu（流れる）：ous
＝形容詞語尾→あふれる」

形 余分の・不必要な

superfluous words 余分な言葉

confluence［カンフルエンス］「con＝together（共に）：fluence（流れ込
むこと）」

名 合流

※ flow［フロウ］

自動 流れる、循環する

Blood flows through our bodies. 血は体の中を流れている。

名 流れ

a flow of electricity 電気の流れ

──★ overflow［オウヴァフロウ］

自動 あふれ出る

This river often overflows. この川はよく氾濫する。

名 流失、氾濫

an overflow of population 人口過剰

シンセサイザーは「合成するもの・音の合成装置」。**033** のシンフォ
ニーにつながっている。余談ともなるが、これによく似た楽器とし
て、キーボードがあるが、キーボードは音を合成したり、創ること
はない。

synthesizer [スィンササイザ]

  名 合成する人（物）、音の合成装置

    synthesize [スィンササイズ]

      他動 総（統）合する、合成する

      synthesized fertilizer　合成肥料

      synthesis [スィンササィス]

        名 総（統）合、合成

096 エフェクター ── 元々の音に電気的な処理をしてさまざまな音色の変化をつけ
                    る装置。イコライザー、ディストーションなどさまざまある

エフェクターは「エフェクト（結果・効果）」の派生語だ。サウンドエ
フェクト（音響効果）はこの分かりやすい用例だろう。ファクト（事
実）、アフェクト（影響する）、パーフェクト（完全な）、サティスファ
イ（満足させる）、マニファクチャー（製造する）など重要な言葉が
これにつながっている。余談ともなるが、ローリングストーンズの
大ヒット曲、「サティスファクション」をおまけとしてつけておこう。

☆ effect [イフェクト]

  名 結果、効果

  cause and effect　原因と結果

  sound effect　音響効果・サウンドエフェクト

  他動 （結果として）**生じさせる**

effect a change　変化を生じる

語源 ef＝exの変形（終りまで）：fect（fact）＝do（する）、make（つくる）→完全にする

類語

☆ **affect** [アフェクト] 「af＝to（〜へ）：fect＝do（する）→作用する」

　他動 影響する、感動させる

　Acids do not affect gold.　酸は金に作用しない。

　She was affected at the sight.　彼女はその光景を見て感動した。

　└─ ★ **affection** [アフェクション]

　　　名 愛情

　　　a mother's affection for her child

　　　子供に対する母親の愛情

　　　└─ ★ **affectionate** [アフェクショネット]

　　　　　形 愛情深い

　　　　　an affectionate son　愛情深い息子

※ **perfect** [パ〜フェクト] 「per＝thoroughly（徹底的に）：fect＝to make

（つくる）、to do（する）→完成する」

　形 完全な・申し分のない

　a perfect circle　完全な円

　他動 完成する

　perfect a picture　絵を描きあげる

　└─ ★ **perfection** [パフェクション]

　　　名 完全・完成

　　　to perfection　完全に

★ **infect** [インフェクト] 「in＝in：fect＝do→作用する」

　他動 汚染する・感染させる

　He is infected with cholera.　彼はコレラにかかっている。

　└─ ★ **infection** [インフェクション]

　　　名 伝染・感染、伝染病

catch the infection　病気に感染する

☆ **manufacture** [マァニュ**ファク**チャ]「manu(手)：fact-make(つくる)：ure＝名詞語尾→手でつくること」

名 **製造・製造業**

iron manufacture　鉄工業

他動 **製造する**

manufacture leather into shoes　革を靴に仕上げる

└─☆ **manufacturer** [マァニュ**ファク**チャラ]

名 **製造業者・メーカー・工場主**

★ **defect** [ディ**フェク**ト]「de＝not：fect＝do(する)→用をなさない→欠陥」

名 **欠陥・欠点**

a defect in speech　言語障害

※ **fact** [**ファク**ト]「fact＝done→成されたもの、行為」

名 **事実、真実**

Fact is stranger than fiction.　事実は小説よりも奇なり。《諺》

It is a fact that earth is round.　地球が丸いというのは真実である。

├─☆ **factor** [**ファク**タ]「作るものの意」

名 **要素・要因**

Health is an important factor of happiness.
健康は幸福の重要な要素です。

└─※ **factory** [**ファク**トリ]

名 **工場・製造所**

an iron factory　鉄工所

☆ **satisfaction** [サァティス**ファク**ション]「satis(十分に)：fact(為す)：ion(名詞語尾)→十分にすること」

名 **満足**

She smiled with satisfaction.　彼女は満足してにっこりした。

└─☆ **satisfy** [**サァ**ティスファイ]

他動 **満足させる**

my present satisfied her.

116

私の贈り物は彼女を満足させた。

☆effective［イフェクティヴ］

形 効果的な

an effective speech　効果的な演説

097 ペダル ── ピアノやオルガンなどの足で操作する装置

ペダルの原義は「足」だ。ペディキュア、ペデストリアンデッキ（歩行者用デッキ）を知っていれば理解が早い。エキスペディッションとなれば足を使う「遠征・冒険」である。

★pedal［ペダル］

名 （自動車・オルガン・ミシンなどの）ペダル

語源 ped＝foot（足）：al＝形容詞語尾

類語

centipede［センティピード］「centi（100）：pede＝foot（足）→百本足」

名 むかで

impede［インピード］「im＝in：pede＝foot（足）→足をからめる」

他動 妨げる・妨害する

be impeded in one's work　仕事の進行を妨害される

impedance［インピーダンス］

名 インピーダンス（交流回路における電圧の電流に対する比）

★pedestrian［ペデストリアン］「pedestri＝on foot（徒歩で）：an＝形容詞・名詞語尾」

名 歩行者

Pedestrians Only.　歩行者専用（掲示の文句）

pedicure［ペディキュア］「pedi（足）：cure（治療）」

名 足の専門的治療・足専門医、ペディキュア（足の指・つめなどの手入れ。手

の場合はマニキュア）

☆ **expedition** [エクスペ**ディ**ション]「ex＝out：pedit＝foot（歩く）：ion＝
名詞語尾→外に向かって歩いて行く」

名 探険・遠征

go on an expedition　探険（遠征）に出かける

---

098 メトロノーム ── 一定の拍子（テンポ）を示す器具

メトロノームは「母なる」「基準」だ。メトロはメトロポリス（大都
市・首都）、メトロポリタン（首都の・大都市の、首都の住民・都会の
人）につながっている。野球ファンならニューヨーク・メッツを知っ
ているだろう。メッツはメトロポリタンの略なのである。さらに、メ
トロがマターニティとなれば、「母性、妊婦の」となる。近年、非難
の的となっている「マタハラ」はマタニティ・ハラスメントの略語で
ある。マタニティドレスも分かりやすい用例だろう。また、法・基準
を意味するノームの方もノーマル、アブノーマルなどと結構使われ
ている。

metronome [メトロ**ノ**ウム]

名 メトロノーム

語源 metro＝mother：nome＝law

類語

★ **metropolis** [メト**ラ**ポリス]「metro＝mother：polis＝city」

名 首都、大都市・主要都市

Tokyo is the metropolis of Japan.　東京は日本の首都である。

Osaka is a metropolis of Japan.　大阪は日本の主要都市である。

　★ **metropolitan** [メトロ**パ**リタン]

　　形 首都の、大都会の

the Tokyo Metropolitan Government　東京都庁

the metropolitan police　都市警察

名 首都の住民・都会の人

★ **maternity** [マターナティ]「matern(metro)：ity(名詞語尾)→母親である
こと」

名 母性

a maternity home　産院

※ **normal** [ノーマル]

形 標準の・正常な

a normal condition　いつもの状態

└── **abnormal** [アブノーマル]

形 異常な・変則な

● 著者プロフィール

小林一夫

1938年東京生まれ。日本学園中学校、開成学園高等学校を経て、東京大学
教育学部、東京都立大学(現首都大学東京)人文学部卒業。
大手化学メーカーを退職後、川村記念美術館、華服飾専門学校、華ビジネス
専門学校、日本スクールシステム機構を経て、IIE(目標達成型セルフコーチン
グ)インストラクター。
千葉県習志野市在住。
趣味は社交ダンス(ブラインドダンスコーチ)、ボーカル、囲碁、ビリヤード、ス
ポーツ全般(野球、テニス、卓球、バレーなど)。

● 主なる著書

『カタカナ語で覚える重要英単語2000』講談社α文庫/電子書籍にて配信中
『カタカナ語で覚える重要語源200・重要単語1800』
　東京図書出版会/電子書籍にて配信中
『野球ファンのための面白くてタメになる英単語読本』文芸社
『スポーツから学べるらくらく英単語読本』パレードブックス

得意を活かす英単語帳シリーズⅠ
for 音楽ファン・音楽専攻生
音楽から学べるらくらく英単語読本

2021年2月12日　第1刷発行

著　者　小林一夫
　　　　こ ばやしかず お

発行者　太田宏司郎
発行所　株式会社パレード
　　　　大阪本社　〒530-0043　大阪府大阪市北区天満2-7-12
　　　　　　　　　TEL 06-6351-0740　FAX 06-6356-8129
　　　　東京支社　〒151-0051　東京都渋谷区千駄ヶ谷2-10-7
　　　　　　　　　TEL 03-5413-3285　FAX 03-5413-3286
　　　　https://books.parade.co.jp

発売元　株式会社星雲社（共同出版社・流通責任出版社）
　　　　　　　　　〒112-0005　東京都文京区水道1-3-30
　　　　　　　　　TEL 03-3868-3275　FAX 03-3868-6588

印刷所　創栄図書印刷株式会社